D1718976

MAX VON KIENLIN
DER
EINSAME
TOD

MAX VON KIENLIN

DER EINSAME TOD

LEGENDE GÜNTHER MESSNER

Mit 66 Abbildungen

HERBiG

Bildnachweis

Alle verwendeten Bilder stammen aus dem Archiv des Verfassers
mit Ausnahme von:
S. 61: Peter Scholz/Archiv des Deutschen Alpenvereins
S. 59 und 82: Gerhard Baur
S. 65: Jochen Hemmleb
S. 35, 37, 44, 154,155, 157, 161: Prof. Dr. Gerhard Lischke
S. 42: Jake Norton
S. 40: Manuel Vasquez

Besuchen Sie uns im Internet unter:
www.herbig-verlag.de

© 2006 by F. A. Herbig
Verlagsbuchhandlung GmbH, München
Alle Rechte vorbehalten
Umschlaggestaltung: Wolfgang Heinzel
Herstellung und Satz: VerlagsService Dr. Helmut Neuberger
& Karl Schaumann GmbH, Heimstetten
Gesetzt aus der Stone Serif 10,5/14,4 Punkt
Drucken und Binden: GGP Media GmbH, Pößneck
Printed in Germany
ISBN 10: 3-7766-2492-2
ISBN 13: 978-3-7766-2492-2

INHALT

Prolog 7

Einleitung 9
Ein Junge aus dem Villnösstal 15
Der Schicksalsberg 25
Funde am Diamirgletscher 31
Günther, der Kamerad 51
Der verbotene Sechstausender 63
Der ewige Zweite 73
Wenn Günther den Abstieg überlebt hätte? 97
Im Tode einsam 105
Im Salvatorkeller 117
Prozesse 131
Der »Polarisator« 143
Das Brandopfer 153
Reinholds »Wahrheit« vom Abstieg 163
Medien 173
Mythos und Legende 195
Realität und Traumbild 207

Günther Messner, Aquarellskizze von Max von Kienlin

PROLOG

Der Aufstieg Reinhold Messners zum weltweit bekanntesten Bergsteiger unserer Zeit und zum Medienstar ist ohne die Geschichte um den einsamen Tod seines jüngeren Bruders Günther nicht vorstellbar.

Beeindruckende Besteigungen und Begehungen haben ja auch viele andere Kletterer in den Bergen der Erde vollbracht, deren Namen aber allenfalls alpin engagierten Spezialisten bekannt sind oder in regionalen Fachzeitschriften behandelt werden. Das Drama um die nach wie vor ungeklärten Geschehnisse damals am Nanga Parbat, als Günther sein junges Leben verlor, ist der eigentliche Hintergrund für das Aufsehen, das dieses Thema in der Öffentlichkeit erregt.

Als »Amputation« hat Reinhold den Verlust des Bruders, der ja auch sein gewohnter Teamgefährte gewesen war, bezeichnet – mit gutem Grund, wie hier gezeigt werden soll. Denn ohne Günther hätte er seine außergewöhnliche Lebensleistung nicht mit gleicher Wirkung erbringen können, da die alpinistische Leistung allein die Grundlage für das breite öffentliche Interesse auch literarisch nicht geschaffen hätte.

Wie ein Seilgefährte für die Ewigkeit prägt Günther auch im Tode noch Reinholds Biografie. Dieser inzwischen längst stumme Begleiter konnte für sich allein nicht berühmt werden, aber ohne ihn wäre es auch der Überlebende nicht in dieser außerordentlichen Weise geworden.

EINLEITUNG

Am Morgen des 27. Juni 1970 erwachte Günther Messner in dem winzigen Zelt knapp unterhalb der Merklrinne in 7350 Meter Höhe der Rupalflanke des Nanga Parbat, der höchsten Steilwand der Erde. Neben ihm lag sein Kamerad Gerhard Baur, der filmende Bergsteiger der Expedition. Aber sein größerer Bruder Reinhold fehlte. Dieser war bereits zwei Stunden zuvor in Richtung Gipfel aufgebrochen. »Die beiden anderen dösten noch, als ich das Zelt verließ« schrieb er zwei Monate später in seinem Erstbericht an den Teamleiter Herrligkoffer.

Das Wetter war klar, schöner als die Tage zuvor, und Günther war sofort bewusst, dass der Bruder höchstwahrscheinlich den Gipfel erreichen würde. Wochenlang war er mit ihm in der Wand auf und ab geklettert, hatte geschleppt, gegraben und war immer zur Stelle gewesen, wenn Reinhold seiner bedurfte.

Jetzt aber stand ihm nur mühselige Arbeit bevor. Die gefährliche Rinne, die bislang noch nie durchstiegene Passage zum Fuß der Gipfelpyramide, sollte mit Fixseilen versichert werden, um sowohl dem ermüdet Zurückkehrenden den Abstieg zu erleichtern als auch der bald erwarteten Zweierseilschaft Felix Kuen und Peter Scholz den geplanten Gang zum höchsten Punkt und retour möglichst gefahrlos zu ermöglichen.

Was waren Günthers Gedanken bei der Erkenntnis dieser Gegebenheiten? Sie sind nicht allzu schwer zu ergründen. Die Sehnsucht nach ganz oben, dem lange erkämpften Ziel der Expedition, muss ihn gepackt haben, der unbezwingbare Wunsch, angesichts optimaler Umstände gemeinsam mit dem gewohnten Gefährten vieler Besteigungen, seinem älteren Bruder, auf dem Gipfel dieses ungeheuren Berges zu stehen.

Dies war das Ausgangsmoment für alle nachfolgenden Ereignisse, die schließlich zu Günthers einsamem Tod führten. Aber war es auch der eigentliche Grund für diese tragische Konsequenz? War das Unglück vermeidbar?

Bis heute, 36 Jahre nach dem Geschehen, wird darüber diskutiert und gestritten, werden Schuldige gesucht und scheinbar gefunden, nur um von den Überlegungen und Absichten eines Einzelnen abzulenken, die als entscheidender Anstoß für den Lauf der Ereignisse angesehen werden müssen.

Es bedarf guter Kenntnisse aller damaligen Ereignisse vor Ort, eines umfangreichen Studiums der vielschichtigen Aussagen Reinhold Messners in all den Jahren und des gewissenhaften Zeugnisses der damals in nächster Nähe gewesenen Bergkameraden, um der Wahrheit möglichst nahe zu kommen, die in diesem Fall so oft verdreht, geschönt und umgelenkt wurde, um den Gewissensdruck des einzig wirklich Verantwortlichen vor sich selbst und vor der Welt zu verdrängen.

Im Sommer 2003 habe ich das Buch »Die Überschreitung – Günther Messners Tod am Nanga Parbat« geschrieben. Es fand und findet bis heute eine breite Leserschaft.

Ich hatte schon lange geplant, meine Erlebnisse bei dieser Expedition in einem Buch zu beschreiben. Dass ich es dann zu diesem Zeitpunkt, mit diesem Titel und mit besonderen Hinweisen auf Reinhold Messners Verhalten schrieb, hat seinen Grund in dessen plötzlichen Ausfällen gegenüber seinen einstigen Teamgefährten aus unserer großen gemeinsamen Expedition 1970 zur höchsten Steilwand der Erde am Nanga Parbat. Diese völlig unnötigen und verletzenden Beschuldigungen mussten um unserer Glaubwürdigkeit willen zurückgewiesen werden.

Es ging dabei nicht um unsere Rechtfertigung. Wir hatten nichts zu beschönigen, kein Fehlverhalten zurechtzubiegen, keine Unterlassung zu begründen. Noch weniger ging es darum, Genugtuung zu erhalten für Dinge, die längst Vergangenheit sind. Es ging allein um die Richtigstellung von Tatsachen. Das war ich meinen Kameraden und auch mir selbst schuldig.

Angesichts seiner dramatischen Entwicklung muss dieses Berggeschehen nachvollziehbar sein, müssen jene Vorgänge geklärt werden, die nur Reinhold allein wirklich kennt – oder kennen müsste! Daher sind seine häufig unterschiedlichen Aussagen dazu offen zu legen, zu vergleichen und logische Schlüsse daraus zu ziehen, soweit dies möglich ist.

Dass dabei durch bis dahin diskret verschwiegene Offenbarungen auch ein Schatten auf den großen Bergsteiger Reinhold Messner – als Mensch – fallen musste, war zwangsläufig und gehörte zur notwendigen Wahrheitsfindung anlässlich der groben Unterstellungen, die er nach über 30 Jahren aus heiterem Himmel in die Welt gesetzt hatte. Er schien dabei völlig vergessen zu haben, dass wir damals nach der Expedition stets auch unter Inkaufnahme persönlicher Nachteile zu ihm gehalten hatten, als er sich auf eine Anzahl teils unschöner Prozesse gegen unseren Expeditionsleiter, Dr. Karl Maria Herrligkoffer, einließ.

Es muss auch darauf hingewiesen werden, dass die öffentliche Auseinandersetzung um den Tod des jungen Günther bald nach der Expedition 1970 kaum weniger groß war als jetzt, über 30 Jahre später, und dass schon der Expeditionsleiter Dr. Karl Maria Herrligkoffer den Darstellungen Reinholds nie Glauben geschenkt hatte. Die Bemühungen seiner nun geschmähten Gefährten hatten damals in der öffentlichen Meinung durchaus Wirkung zu Gunsten Reinholds gezeigt und seine Karriere begünstigt. Das schien er verdrängt zu haben, als er sie plötzlich vor laufender Kamera übel verleumdete.

Inzwischen hat er längst den Spieß umgedreht und sich zum Opfer einer Kampagne erklärt, zum Angegriffenen. Oft genug von ihm öffentlich wiederholt, hat dies auch längst Wirkung gezeigt und vielfaches Bedauern für ihn ausgelöst. »Warum greift man den Leidenden nur immer wieder an«, so der Tenor in der Presse. Aber dies ist schlicht unwahr. Es ist genau umgekehrt. Nur – er kommt in den Medien häufiger zu Wort und »steter Tropfen höhlt den Stein«.

Seit ich »Die Überschreitung« veröffentlicht habe, hat sich in dieser Angelegenheit viel ereignet, was Anlass und Stoff für ein neues Buch bietet – ja ein solches herausfordert.

Dass Reinhold Messner über die ersten nicht von ihm stammenden Bücher zu diesem Thema – auch Expeditionsteilnehmer Hans Saler hat das damalige Geschehen so beschrieben, wie er es erlebt hat – nicht erfreut war, kann man verstehen. Die Art und Weise aber, in der er darauf reagierte und dies weiterhin tut, zeigt eine neue Dimension der Grenzüberschreitung.

Einstweilige Verfügungen gegen in Büchern getroffene Feststellungen mag man als nicht ganz feine Nachahmung der früher von ihm verachteten Methode Herrligkoffers sehen, aber wenigstens bewegt sich ein solches Vorgehen noch im rechtlich zulässigen Rahmen. Aber die wilden Beschimpfungen und unziemlichen Beleidigungen aller, die sich nicht oder nicht mehr nur seinem Diktat beugen wollen – wobei auch nicht »linientreue« Journalisten geschmäht werden – und das zur Schau getragene Selbstmitleid sind eines großen Mannes nicht würdig. Sie werfen ein trübes Licht auf diesen bedeutenden Bergsteiger, der sich nur noch mit sich selbst zu beschäftigen scheint und jede auch nur in zweifelndem Ton gestellte Frage schon als Majestätsbeleidigung ansieht. Zweifellos fühlte er sich im Laufe der Jahre immer mehr zum »Diamir«, also zum »König der Berge« erhoben und wurde tatsächlich zum wohl weltweit bekanntesten Bergsteiger unserer Zeit.

Bei aller Bewunderung für die bergsteigerischen Leistungen Reinhold Messners darf jedoch nicht vergessen werden, dass sich neben ihm oft gleichwertige Könner bewährten, wie zum Beispiel Peter Habeler, der mit ihm zuerst ohne Sauerstoff den Mt. Everest bezwang, oder Hans Kammerlander, der auf sieben Achttausendern neben ihm stand, oder Arved Fuchs, der mit ihm gemeinsam zum Südpol marschierte. Außerdem zeigen inzwischen eine Anzahl Kletterkünstler größere Fertigkeiten als sie Reinhold selbst in seiner besten Zeit vorweisen konnte, so das Brüderpaar Huber oder Thomas Bubendorfer, um nur diese wenigen mit Namen zu nennen. Im Bekanntheitsgrad und im Erfolg ihrer Selbstvermarktung stehen jedoch alle weit hinter dem zum »größten Bergsteiger aller Zeiten« stilisierten Südtiroler.

Wenden wir uns also wenigstens teilweise ab von dieser mühsamen Berühmtheit und wenden uns endlich mehr auch seinem jüngeren Bruder Günther zu, der damals am Nanga Parbat starb, nachdem er, wie es scheint, trotz Höhenkrankheit die gleiche Leistung vollbracht haben musste wie der ältere, der seinen ersten großen Erfolg damit begründete.

13

Eine seltsame Parallele fällt auf: 1934 starb der große Bergsteiger Willi Merkl am Nanga Parbat. Sein Tod wurde Motivation und Erfolgsbestimmung für Karl Herrligkoffer, seinen Halbbruder, der wie besessen diesen Berg nur als Grabmal Merkls betrachtete.

Wir wissen heute mehr als vor fast fünf Jahren, als der Trubel um den Tod des jungen Bergsteigers Günther Messner von dessen großem Bruder Reinhold neu entfacht wurde. Wir meinen wenigstens, mehr zu wissen, obgleich letztlich kaum weniger Fragen im Raum stehen.

Ohne den tragischen Tod Günthers wäre die erste Überschreitung dieses gefährlichen Berges damals nur kurz in die Medien gedrungen, wie andere gute Leistungen auch, die bald darauf wieder ihren Platz für Neues räumen müssen. Nur dieses Bergopfer scheint den Überlebenden in eine besondere Region unter Bergsteigern getragen zu haben, sonst wäre er bestenfalls für einige Zeit ein Primus inter Pares geworden.

Vor allem aber die Dramatik dieses Ereignisses und die immer wieder neu gestellten Fragen um das Warum, Wie und Wo von Günthers Tod haben die öffentliche Aufmerksamkeit erhalten und immer wieder neu auf die Tragödie am Nanga Parbat gelenkt. Sie bildet das Hauptthema in Reinholds Veröffentlichungen, und sie beherrscht ihn zwanghaft.

Wer war Günther Messner, der vor 36 Jahren starb und nun zum zweiten Mal ein Opfer wurde, ein Brandopfer. Jeder Mensch wird von seiner Familie und von seiner Heimat geprägt, und wenn man sich die Hintergründe eines Schicksals erschließen will, muss man dort beginnen.

EIN JUNGE AUS DEM VILLNÖSSTAL

Eine schönere Landschaft kann man sich kaum vorstellen als diesen Bereich der Dolomiten, das Villnösstal. Grüne Matten mit Tannen- und Latschengruppen, dahinter glitzernde Schneebänder bis in die Sommerzeit hinein unter den schroff zur Höhe ragenden Geislerspitzen, aus reinem Kalkstein zu feinen Formationen gebildet, und darüber das tiefe Blau des Himmels. Wohl kaum ein Gebirge der Welt lädt mehr zum Felsklettern ein als diese blitzsauberen Wände. Wer in diesem Tal zu Hause ist und irgendwann beginnt, den Blick nach oben zu richten, muss von der Sehnsucht ergriffen werden, da hinauf zu steigen.

Durch den Friedensvertrag vom 10. September 1919 wurde diese österreichisch geprägte Landschaft Südtirol mit etwas über 250 000 deutschsprachigen Einwohnern zur 92. Provinz Italiens, was zu widerspenstigen Reaktionen der Betroffenen führte – vor allem deshalb, weil der faschistische Diktator Mussolini eine rigide Italienisierungspolitik durch Umsiedlung süditalienischer Familien in diese Region betrieb, die nun »Alto Adige« hieß. Diese Tiroler aber sind nicht nur »lustig«, wie es ein Volkslied besingt, sondern auch besonders eigensinnig. Tausende »Optanten«, wie die Umsiedler nach Deutschland sich nannten, zogen damals von dieser neuen Provinz Italiens fort. Inzwischen ist dieses Problem in Europa nebensächlich geworden.

Das kleine Dorf mit Namen Sankt Peter, zu Villnöss, auf Italienisch Funes, gehörig, war konservativ geprägt wie die ganze Gegend. Dorfkirche, Bergbauern, Volksschule. Deren Lehrer Josef Messner, ein traditionsbewusster, aufrechter, nicht allzu gesprächiger Mann, hatte mit Maria, einer warmherzigen, liebenswerten und mütterlichen Frau, neun Kinder, acht Buben und ein Mädchen. Der älteste, Helmut, kam 1943 zur Welt und in weiterer vierzehn Jahren die anderen. Reinhold, der zweite, wurde am 17. September 1944 geboren. Günther kam am 18. Mai 1946 als nächster zur Welt – das erste Kind in Friedenszeit. Bewusst wählten die Eltern, unabhängig von der NS-Zeit, für ihre Kinder traditionelle deutsche Namen, so zum Beispiel Erich, Siegfried, Hubert und Waltraut, um sich in keiner Weise in den Sog der Anpassung an Italien ziehen zu lassen.

Ein gutes Stück oberhalb des Tales, schon über der Baumgrenze und direkt zu Füßen der bizarren Geislerspitzen, liegt die Gschmagenhart-Alm, eine karge, aber reizvolle Almhütte mit Heustadel. Dort verbrachte die Familie Messner ihre Ferien.

Josef und Maria Messner liebten beide das Bergsteigen und führten die beiden ältesten, Helmut und Reinhold, als diese gerade sechs und fünf Jahre alt waren, bereits zum höchsten Gipfel der Geislerspitzen, dem Sass Rigais. Es war die erste Gipfelbesteigung im Leben Reinholds.

Es ergab sich im Laufe der Zeit, dass Reinhold und Günther das dauerhafteste Engagement und größte Talent zum Klettern zeigten und so unternahm Vater Josef öfter mit diesen beiden einfachere Touren in den umgebenden Bergen.

Seit dem Tod seines Vaters Josef vor etwa zehn Jahren erzählt Reinhold die Geschichte, wie er Günther, mit dem er sich zuvor nicht besonders verstanden habe, näher gekommen sei.

Villnösstal mit Geislerspitzen

Dieser sei vom Vater schrecklich verprügelt worden und habe danach in einer Hundehütte gekauert. Er, Reinhold, habe sich seiner nun angenommen und seither sei das Verständnis zwischen dem Brüderpaar ständig gewachsen. Diese etwas an den barmherzigen Samariter erinnernde Geschichte mag sich ja etwa so zugetragen haben. Die genauen Umstände kennen wir nicht. Sie lässt jedenfalls den Papa nach heutigen Maßstäben als rohen Knüppellehrer erscheinen, der er nach sonstiger Beschreibung, vor allem auch Günthers, nicht war. Als Ergänzung müsste dann wenigstens dazu erzählt werden, dass Reinhold damals im Jähzorn einen Schulkameraden derart in die Mangel nahm, dass dieser vom Arzt zusammengeflickt werden musste. Vater Josef wollte daraufhin den Sohn zur Strafe verprügeln, was die sanftmütige Mama verhinderte. So steht es jedenfalls in einer von Reinhold autorisierten Biografie.

Wer die Messners zu Hause kennen lernte, erkannte sofort ein harmonisches Familienleben. Die Kinder waren nach tradi-

17

tionellen Prinzipien erzogen, was hier in absolut positivem Sinne zu verstehen ist: Religiosität ohne Frömmelei, gute Manieren ohne spießige Floskeln und vor allem Rücksicht und soziales Verhalten. Die Strenge des Vaters hatte ihren Ausgleich in der Güte der Mutter, und das Zusammenleben der Geschwister erzeugte ein gesundes »Kämpfen und Teilen«, wie dies in Großfamilien stets leichter erreichbar ist, ohne dass dabei nicht auch eigenständige Begabungen und individuelle Vorzüge in natürlicher Weise zum Zuge kämen.

Heutzutage wird stets versucht, eine Persönlichkeitsstruktur in Betrachtung und gegebenenfalls auch in Gutachten aus Kindheit und Erziehung zu erklären, was aber nur Teilaspekte eröffnet und die Individualität von Personen unzureichend berücksichtigt. Gemüse und Nutzwälder lassen sich gleichartig züchten und in Reihen stellen, aber schon bei Tieren ist vieles unvorhersehbar und beim Menschen sind Eigenwille und Schicksalsweg nicht zu prognostizieren, wie sich am Schicksal zahlloser Familien nachweisen lässt; die Unterschiede zwischen Geschwistern sind oft erstaunlich.

Reinhold und Günther entwickelten sich jedenfalls im Laufe der Zeit zu einem verschworenen Team extremer Kletterer. Trotz ihres unterschiedlichen Wesens ergänzten sie sich zum Vorteil beider. Dies bewährte sich bis zum Todestag Günthers am Nanga Parbat und in bestimmtem Sinne noch weit darüber hinaus.

Wenn die beiden die Schule schwänzten, um zu ihren Touren zu radeln, fälschte der jüngere Günther gelegentlich Entschuldigungen der Mutter wegen angeblicher Krankheit auch für den Bruder mit. Später benutzten die beiden den Motorroller des Vaters, um ihre Ziele zu erreichen.

Bald waren den beiden alle bekannten Routen der Dolomiten vertraut. Ihre Ausrüstung war eher ärmlich, was sie in be-

Auf der väterlichen Lambretta

sonderer Weise zu technischer Perfektion und zur Präzision im Sinne der Sicherheit zwang.

Günther besuchte mittlerweile die Oberschule in Bozen, aber die Wochenenden gehörten den Bergen. Zusammen mit dem größeren Bruder, der sich für ein Hoch- und Tiefbaustudium in Padua entschieden hatte und zuvor noch ein Jahr als Hilfslehrer in Eppan nahe Bozen arbeitete, war er im Fels unterwegs.

Das Geschwisterpaar gehörte bald zu den bekanntesten Kletterern der Region und schließlich sogar weit darüber hinaus. Dabei verdankten sie die anspruchsvolle Technik für immer schwerere Touren einem etwas älteren, erfolgreichen und schon berühmten Felskletterer aus Dölsach in Osttirol namens Sepp Mayerl, dem »Kirchturmdecker ohne Gerüst«, wie man ihn nannte.

Lassen wir Reinhold selbst erzählen: »Meine Brüder kletterten alle so bis in den vierten, fünften Grad, doch sie waren

Günther in der Grohmannspitze-
Südwand

Günther Messner in den
Westalpen

keine Extremen. Das, was Günther und ich unternahmen, war eine andere Sache, hierzu fehlte ihnen der Zugang. Unsere Mutter hatte dies schon verstanden.

Ich bin nahezu alle unsere gemeinsamen Touren vorausgestiegen, obwohl Günther fast so gut kletterte und mir im Eis ebenbürtig war. Er trieb viel Sport, war ein besserer Läufer als ich. Wenn wir getrennt gingen, kletterte auch er große Touren als Seilerster, zum Beispiel die ›Scoialottikante‹ an der Westlichen Zinne.«

Doch gelegentlich führte auch Günther den Älteren. Die schwierige Nordwand des Sass Rigais hatte der Vater nicht geschafft. In ihrer ersten größeren gemeinsamen Klettertour 1961 bezwangen die beiden sie mit wechselnder Führung, wobei der Seilzweite jeweils den einzigen Steinschlaghelm trug.

Ein Schlüsselerlebnis zur Festigung ihrer Zweierseilschaft hatten sie an der Pelmo-Nordwand 1965, als sie sich, von einem schweren Wettereinbruch überrascht, unter großen Gefahren zum Gipfel hocharbeiten mussten. Von da an gelang ihnen eine Anzahl riskanter Erstbegehungen: Der Heiligkreuzkofel-Mittelpfeiler, die Plattenführe an der Marmolada-di-Penia-Südwestwand, der Ortler-Nordwand-Hängegletscher, eine neue Route an der Nordostwand der Aiguille d'Argentière.

Mit Heini Holzer, Kaminfeger aus Meran, dem bekannten Schisteilabfahrer (er kam 1977 dabei um) bewältigten sie gemeinsam die 1500 Meter hohe Monte-Agnèr-Nordostwand und gemeinsam mit Toni Hiebeler und Fritz Maschke den Eiger-Nordpfeiler.

Die komplette Aufzählung aller Unternehmen würde hier zu weit führen, weshalb nur einige der teils bedeutenden Touren hier genannt sein sollen.

Die Messnerbrüder in der Nordwand der Cima della Madonna

21

Neben der Zweierseilschaft Sepp Mayerl und Peter Habeler waren die Brüder Messner Mitte der sechziger Jahre sicher das erfolgreichste Team in den Alpen. Die beiden durchstiegen die Gletscherhorn- und Ebnefluh-Nordwand innerhalb eines Tages.

Von der Peitlerkofel-Nordwand aus hatte Günther 1968 eine Idee. Dazu Reinhold:

»Aus der alten Nordwand, die Günther, glaube ich, solo beging, hat er sich das angeschaut und mich dafür begeistert.« Es ging dabei um eine neue reizvolle Route.

Über die gemeinsame Erstbegehung der direkten Nordwand der Cima della Madonna berichtet Reinhold:

»Das Seil war aus, keine Standplatzmöglichkeit, Günther musste gleichzeitig nachklettern bei Schwierigkeiten von etwa V+/VI-, und ich bekam noch einen Krampf in der Hand.« Günther wiederum erzählt über die Erstbegehung der direkten Nordwand des Zweiten Sellaturms:

»Um 15 Uhr waren wir einstiegsbereit. Zu spät, viel zu spät. Ich schimpfte vor mich hin: ›Geht sowieso nicht ... Da braucht man einen ganzen Tag ... Kommen wir überhaupt noch zurück? ... Ich habe keine Lust zu biwakieren!‹ Unser Scheitern schien mir sicher. In meinem Ärger über Reinholds Dummheit konnte ich kaum das Seil nachgeben, während er die ersten dreißig Meter emporkletterte. Erbost grollte ich in mich hinein: ›So und so viele Erstbegehungen hat er nun schon gemacht, und trotzdem sieht er nicht, dass diese Plattenwand frei nicht möglich ist. Mit einem Dutzend Sicherungshaken will er da hinauf, der Depp. Dabei bildet er sich ein, eine gute Nase zu haben. Soll er bei seiner Einbildung bleiben ...‹«

Reinhold jedoch schaffte es, und Günthers Ärger ging in Begeisterung für seinen Bruder über:

22

Reinhold und Günther Messner auf einem Foto
des Verfassers aus dem Jahr 1970

»Fester Fels, immer wieder unerwartet große Henkelgriffe, das
Seil schlängelte sich frei in der Luft. Mein Ärger war längst
verraucht. Es war eine Freude zu sehen, wie Reinhold in den
Abendhimmel hineinstieg!«
Diese Situation ist bezeichnend für das Verhältnis zwischen
den Brüdern, besonders wenn man dabei an das tragische Ge-
schehen am Nanga Parbat denkt. Der kleine Bruder, seine
Zweifel, seine Bewunderung – bis zum bitteren Ende.
Nach bestandenem Abitur begann Günther eine Lehre als
Bankkaufmann. Es ist erstaunlich, dass er neben seinen et-
wa 500 teils bemerkenswerten Touren sein berufliches Weiterkommen nicht vernachlässigte. Im Winter bevorzugte er im
Gegensatz zu Reinhold das Schifahren.
Reinhold vertrat in dieser Zeit einen technischen Grundsatz
bis zu einer Art Purismus. Es ging um die Anwendung des
Bohrhakens, der zunehmend in Gebrauch kam und den er
vehement als unsportlich ablehnte. Die »Vernagelung« vieler schöner Kletterrouten war ihm zu Recht ein Gräuel. Der

23

Fels sollte sauber hinterlassen werden. »Fair means« war seine Devise im Bereich der alpinistischen Technik, wie sie die Messnerbrüder praktizierten. Man kann dies durchaus als Idealismus innerhalb dieses Sports bezeichnen.

Mit solchen Postulaten imponierte Reinhold auch vielen reiferen Bergsteigern, und niemand hinderte ihn daran, auch weiterhin positive Grundsätze zu verfolgen.

Für die große Expedition 1970, die den Namen »Sigi-Löw-Gedächtnis-Expedition« trug und zur Bezwingung der höchsten Steilwand der Erde, der Rupalflanke am Nanga Parbat, führen sollte, hatte der Leiter und Organisator Dr. Karl Maria Herrligkoffer von den Brüdern Messner nur Reinhold eingeladen. Auch Sepp Mayerl war dafür auserkoren.

Vater Josef redete Reinhold zu, sich doch auch um die Teilnahme Günthers zu bemühen, der darauf brannte. Als Mayerl sich dann für eine andere Besteigung entschied, gelang es schließlich nur wenige Wochen vor dem Aufbruch, auch Günther in das Nanga-Team zu integrieren. Es wurde seine mit Sehnsucht erhoffte und mit weitem Abstand größte und schwierigste Herausforderung.

Die Bank in Bruneck gab ihm Urlaub, und in Villnöss nahm er Abschied von seiner Familie.

»Seid vorsichtig«, sagte die Mutter noch zum Abschied, ohne zu ahnen, dass sie Günther nie wieder sehen würde.

24

DER SCHICKSALSBERG

Wer den Nanga Parbat und die Umstände der Expedition im Jahre 1970 bereits kennt, kann dieses Kapitel überschlagen. Um das damalige Geschehen verständlich zu machen, erläutere ich hier nochmals möglichst präzise die geografischen Gegebenheiten und die wichtigsten Vorgeschichten.

Über 1500 km Luftlinie entfernt vom Mt. Everest ragt der Nanga Parbat (8126 m ü.d.M.) als westlicher Eckpfeiler des großen Himalaja-Bogens im Indusknie empor, ein solitäres und monumentales Bergmassiv, dessen Namen in Sanskrit »nackter Berg« bedeutet. In der Region nennt man ihn auch Diamir, »König der Berge«. Er liegt 35° 14′ N-Breite und 74° 35′ O-Länge.

Der Nanga-Parbat nimmt nicht nur geografisch, sondern auch geologisch weltweit eine Sonderstellung ein. Dieses gigantische Granit- und Gneismassiv bildete sich aus dem langsam, aber gewaltig in die asiatische Landmasse eindringenden großflächigen Subkontinent – das heutige Indien und Pakistan –, wobei dessen dabei mitgerissene Vulkane im frontalen Bereich noch immer im tiefen Untergrund wirksam sind.

Der sich emporkrümmende Berg drängte Flüsse in neue Betten, die sich zum Indus sammelten und heute noch die gewaltigste Erosion eines Berges mit sich reißen, die es auf Erden gibt. Je intensiver die Erosion, vor allem durch Lawinentätigkeit und die sich zu Tal wälzenden Gletscher, desto steiler und bizarrer werden im Laufe der Zeit die Seitenwände solcher natürlichen Pyramiden.

Gleichzeitig wächst der »Nanga« schneller als jeder andere Berg: In einem Menschenleben um etwa eine Mannshöhe. Erdgeschichtlich ist das außergewöhnlich und einmalig. Im fernen Sichtbereich des Karakorum, ohne nahe entsprechende Nachbarn, steigen seine schroffen Flanken aus dem Industal über einzigartige 7000 Höhenmeter bis zum Gipfel auf.

Diese weithin sichtbare, mächtige Bergkulisse beeinflusst und prägt ein riesiges Gebiet, seine Landschaft und seine Talbewohner. An ihren Gipfeln bleiben hohe Wolken hängen, die auch im Hochsommer ihre Schneemassen auf die Schultern des Massivs laden, meist aber ragen die Gipfel weit über die Wolkendecke hinaus.

In den fünfziger Jahren des 19. Jahrhunderts erkundeten auf Empfehlung Alexander von Humboldts die Münchener Brüder Schlagintweit die Region. Wohl als erster Europäer erblickte Adolf Schlagintweit die beeindruckenden Südabstürze des Nanga, bevor er im nördlichen Karakorum ermordet wurde.

1895 versuchte zum ersten Mal ein Mensch, diesen Achttausender zu ersteigen. Albert F. Mummery, ein geübter, zäher und willensstarker Bergsteiger aus Dover, unternahm mit zwei anderen Briten, einem Gurkha und einem Einheimischen als Träger mehrere Aufstiegsversuche, wobei sie Wandseite und Route angesichts immer neuer Erkenntnisse wechselten und das erste Mal die bis dahin unbekannten Wirkungen extremer Höhen erfuhren. Man kann sich angesichts der damalige Ausrüstung kaum vorstellen, welchen Strapa-

Die Südflanke des Nanga Parbat, vom Dusai-Plateau gesehen
7000 Meter Höhenunterschied

zen Bergsteiger in dieser Umgebung ausgesetzt waren, dazu Kälte, Stürme und Lawinen. Mummery erreichte trotzdem wohl eine Höhe von etwa 6000 Metern – eine beeindruckende Leistung! Zwischendurch wurde er verschiedentlich zum Abstieg gezwungen. Von einem nochmaligen Versuch mit seinen beiden Trägern kam keiner mehr zurück.

Ein Leichnam wurde nie gefunden. Todesart und Ort sind noch immer ein Rätsel. Es sollte nicht das letzte bleiben.

Über den Nanga Parbat ist schon viel geschrieben worden. Er gilt unter den höchsten Bergen der Erde als der gefährlichste und am schwierigsten zu ersteigende. Seine geologische Entstehung, seine Erkundung und die mit Leiden und Opfern verbundenen Versuche, ihn zu besteigen, wurden in

Dr. Karl M. Herrligkoffer leitete sieben Expeditionen zum Nanga Parbat.

vielen Büchern und auch Filmen beschrieben. Ich werde mich deshalb möglichst kurz fassen und nur diejenigen historischen Vorgänge kurz erwähnen, die zum Verständnis nötig sind.

Nach dem Ersten Weltkrieg einigten sich die Europäer darauf, dass den Engländern der Mount Everest zur Erstbesteigung vorbehalten sein solle, die Deutschen engagierten sich gleichzeitig für den Nanga Parbat, der auch bald als deutscher Schicksalsberg bezeichnet wurde. Bis zu unserer Expedition 1970 waren dort 33 Bergsteiger und Träger ums Leben gekommen. Inzwischen sind es etwa doppelt so viele.

In den dreißiger Jahren wurden mehrere Expeditionen gestartet, die ohne Gipfelerfolg blieben und teils große Opfer forderten. Der Berg wurde an seiner Nordseite angegriffen, eine weite Strecke zwar, aber nicht extrem steil. Auf dieser klassischen Route gelang 1953 Hermann Buhl in seinem berühmten Alleinvorstoß im höheren Bereich endlich der Gipfelsieg.

Dr. Karl Herrligkoffer war auch damals Expeditionsleiter gewesen, und es hatte hernach Ärger über unterschiedliche Darstellungen gegeben. Da aber kein Toter zu beklagen war, verlief dieser Streit vergleichsweise undramatisch.

1962 kam bei der geglückten Erstbegehung der WNW-Seite, ausgehend vom Diama-Gletscher (nicht Diamir-), Sigi Löw ums Leben. Er hatte zuvor mit Toni Kinshofer (†1964) und dem noch lebenden Anderl Mannhardt, der dabei seine Zehen einbüßte, den Gipfel erreicht.

Nach Sigi Löw wurde unsere Unternehmung 1970 benannt, die nunmehr zum Ziel hatte, den Gipfel über die Südseite, die höchste Steilwand der Erde, nach dem vorgelagerten Fluss Rupal-Flanke genannt, zu erreichen, was zuvor mehrmals gescheitert war. Diesmal gelang es nach hartem siebenwöchigen Ringen den Brüdern Messner und anderntags Felix Kuen und Peter Scholz, den höchsten Punkt zu erreichen. Die Umstände, die damit verbunden waren, und die Fragen, die sich noch immer um den teilweise ungeklärten Tod Günther Messners stellen, sind wesentlicher Gegenstand dieses Buches und vieler gegensätzlicher Berichte zu diesem Thema.

FUNDE AM DIAMIRGLETSCHER

Ein als Reinhold Messners Pressesprecher bezeichneter Pakistanischer Bergführer namens Naeem Khan meldete am 18. August 2005 an die Deutsche Presseagentur (dpa), einer seiner Leute, Samander Khan, habe gemeinsam mit anderen am 17. Juli, also gute vier Wochen zuvor, eine gefrorene Leiche ohne Schädel gefunden, mit Kleiderresten, darunter eine Jacke und die Schuhe. Er habe den Toten nicht identifizieren können, wisse aber, dass Günther Messner in dieser Region verschollen war. Offenbar sei der Körper des toten Bergsteigers vor etwa zwei Jahren mit schmelzenden Schneemassen bis in die Nähe des bekannten Basecamps hinunter-

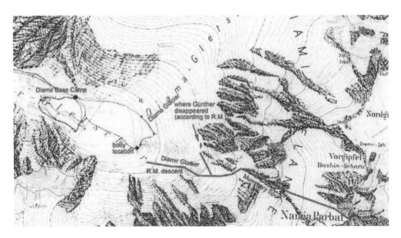

Die Funde im Diamirtal

31

getragen worden. Davor habe die Leiche 33 Jahre in etwa 7000 Meter Höhe gelegen. Der Schnee sei durch eine Hitzewelle in den letzten beiden Sommern bis in große Höhen geschmolzen.

Reinhold Messner war, als ihm diese Nachricht vermittelt wurde, gerade in Islamabad für eine Tour zum Nanga Parbat mit Freunden von der Wochenzeitung *Die Zeit*. Messner wolle, so hieß es daraufhin, eine Plakette mit dem Namen seines Bruders an einer Holzkiste anbringen, in der dessen Überreste ruhen sollten.

Die Finder und der inzwischen ehemalige Pressesprecher Naeem Khan gaben nun keinerlei Auskünfte mehr und schienen ziemlich eingeschüchtert, wie um Informationen bemühte Journalisten berichteten.

Messner gab dem Journalisten Bernd Loppow von der *Zeit* ein Exklusiv-Interview, in dem er erklärte:

»Drei Einheimische aus dem Diamirtal, die in meinem Auftrag seit zwei Jahren den Gletscher regelmäßig absuchen, haben mir bei meiner Ankunft in Islamabad über den Fund des Körpers berichtet. Schuhe, Kleidung, Knochen, Haare, alle Details der Beschreibung stimmen.«

Auf die Frage, ob es der vermisste Bruder sei:

»Es ist so klar, dass es keine Zweifel gibt! Am Fuße des Berges ist noch ein anderer Körper gefunden worden, der aber Plastikschuhe trägt, wie wir sie nicht verwendet haben.«

Auf die Frage, was passiert, wenn er den Leichnam identifiziert habe:

»Wenn es der Bruder ist, machen wir dort ein Begräbnis. Die Teilnehmer der *Zeit*-Reise werden meine Zeugen sein.«

Die Finder der Leiche sollen also in seinem Auftrag unterwegs gewesen sein, was natürlich durchaus möglich ist. Davon hatte man bisher zwar nichts gehört, aber es widerlegt schon mal

Reinholds Unterstellungen von Manipulationen in Wort oder Tat seitens irgendwelcher Gegner.

Umgehend nach Erhalt der Nachricht beauftragte Messner telefonisch seine pakistanischen Mitarbeiter im Diamirtal, den gesamten Fund, der auf Günther hinwies, bis zu seiner alsbaldigen Ankunft an einen anderen Ort zu verbringen, was auch geschah. Seinen Mitreisenden teilte er dies mit und begründete dieses Vorgehen damit, die Leiche vor Tieren schützen zu wollen.

Der noch nicht identifizierte Restleichnam wurde also von fremden Menschen ohne objektive Zeugen erst einmal an andere Stelle verbracht. Dieser soll, wenn er denn Günther ist, nach Reinholds Version doch schon seit 35 Jahren dort gelegen haben, und so wäre es doch wahrlich auf die paar Tage bis zu seiner und der Gruppe Ankunft nicht angekommen.

Um in objektiver Sachlichkeit alles Denkbare auszuschließen, hätte er doch beispielsweise seine Helfer im Diamirtal beauftragen können, die Leiche bis zu seinem Eintreffen zu bewachen und im Interesse einer sauberen wissenschaftlichen Untersuchung vor allem jede Berührung seitens Dritter untersagen sollen. Im Sinne eines juristisch einwandfreien Verfahrens und objektiver Feststellungen hätten selbstverständlich die zuständigen Behörden benachrichtigt werden müssen, die ihrerseits für eine internationalen Normen entsprechende Behandlung eines doch Aufsehen erregenden Fundes gesorgt hätten. Nach Auskunft eines pakistanischen Begleiters der *Zeit*-Gruppe namens Liver Khan wurde jedoch keine offizielle Stelle benachrichtigt. Offensichtlich wollte Reinhold das nicht. Er wollte allein Regie führen, das Gesetz in die eigene Hand nehmen und die Umstände, wie immer, nach seinen Wünschen geordnet sehen.

Dieses verdeckte und bisher unveröffentlichte Vorgehen, das von unmittelbaren Zeugen erzählt wird, beeinträchtigte in hohem Maße die forensisch einwandfreie Identifizierung und die wünschenswerte möglichst genaue Untersuchung aller Umstände. Es eröffnete zudem die Möglichkeit für jede vorstellbare Art von Reduktion und Manipulation an diesem doch brisanten Fund. Reinholds Unterstellungen bezüglich denkbarer Manipulationen fallen nun bedauerlicherweiseauf ihn selbst zurück.

Der von ihm alsbald verbreitete Verdacht, seine Gegner könnten auf Grund ihrer »kriminellen Energie« die Absicht verfolgen, ihrerseits die Leiche zu verlegen, sollte wohl vor allem die falsche Vorstellung nähren, dass es bei den Differenzen überhaupt darauf ankäme, wo diese lag. Das ist aber nicht der Fall.

Soll sein Hinweis vielleicht auch von etwas anderem ablenken? Kann man angesichts dieser Vorgänge denn mit Sicherheit ausschließen, dass diese sterblichen Überreste eines Menschen nicht schon zuvor heimlich an den »Fundort« verlegt worden waren – womöglich von der anderen Seite des Berges? Im Sinne der publizierten Meinungsbildung, dass es darauf ankäme, wo der Tote liegt, wäre das ein geradezu perfektes Timing mit dem Zusammentreffen der *Zeit*-Truppe gewesen. Nur der vermeintliche Pressesprecher hätte dann mit seiner ersten dpa-Meldung den idealen Ablauf verpatzt. Wegen Reinholds Unterstellungen und seines Einflusses in dieser Gegend muss er sich diese Frage doch wohl gefallen lassen!

Wenn die Finder der Leiche in Reinholds Auftrag zuvor schon so lange gesucht haben sollen, so könnte man eigentlich davon ausgehen, dass sie einen Fotoapparat dabei hatten, den heute jeder halbwegs versierte Bergbewohner dort zumindest bedienen kann. Wurden vielleicht sogar Aufnahmen beim ersten Auffinden gemacht?

Als Messner mit den *Zeit*-Zeugen den Ort der Verwahrung erreichte, musste anfänglich die Gruppe zurückbleiben, und nur sein Freund Ralf Märtin, der Arzt Dr. Hipp und der Fotograf Stefan Nimmesgern durften ihn begleiten.

Sodann gab er Order, alles wieder zum angenommenen ursprünglichen Fundort zurück zu transportieren, um dort nun »authentische« Aufnahmen für die Öffentlichkeit machen und die inzwischen fragwürdig gewordenen Untersuchungen vornehmen zu lassen.

Eine fotografische Dokumentation der von Reinhold Messner in diesen Tagen im Diamirtal veranlassten Vorgänge mit den aufgefundenen Überresten dieses Toten wurde im ame-

Dr. Hipp (mit Gummihandschuhen) untersucht die Günther Messner zugeschriebenen menschlichen Überreste.

35

rikanischen *Outside Magazin* vom Januar 2006 veröffentlicht. Da der dazugehörige Bericht dann aber nicht in allen Details den Intentionen Messners entsprach, wurde diese Genehmigung nachträglich »bedauert«. Die einschlägigen Fotos werden von einer Agentur mit der Internetadresse *www.starshot.de* verwaltet. Der Verlag und ich haben uns vergeblich bemüht, für dieses Buch eine Abdruckgenehmigung zu erhalten, um dem Leser eine möglichst tatsachenentsprechende Darstellung zu vermitteln. Nach Auskunft der Agentur dürfen die Aufnahmen nach strikter Anweisung Messners und des Fotografen jedoch nur dann zum Abdruck freigegeben werden, wenn der gesamte begleitende Text zuvor von ihnen gelesen und gebilligt wird. Warum wohl? Auf diese Frage kann sich jeder selbst seinen Reim machen.

Ein anderer Zeuge der Ereignisse, Prof. Gerhard Lischke, zeigte allerdings genügend Objektivität, seine noch nirgends veröffentlichten Aufnahmen zur Verfügung zu stellen.

Die anfangs noch als gefroren gemeldete Leiche ist nun nach Gutdünken verteilt und beispielsweise von Schuhen im Plural nicht mehr die Rede. Es darf ja nur *einen* Schuh geben, und der Tote kann nur noch *ein* Bein haben, denn gemäß früher dargebotener »Beweise« für die Zugehörigkeit eines Jahre zuvor gefundenen Wadenbeins zur Leiche Günthers war dieses längst nach Villnöss vorausgeeilt und dort bestattet worden. Nachdem jede Art von unsachgemäßer Handhabung und Kontamination schon stattgefunden haben musste, griff nun Dr. Hipp zu feinen Gummihandschuhen und für die Optik schien damit die gebotene Sorgfalt gewahrt.

Trotz des Ernstes dieser Angelegenheit erlaube ich mir einen harmlosen, aber typischen Vergleich. In feinen Restaurants werden dem Gast die Brötchen aus dem sauber präparierten Körbchen vom Ober mit einer Zange gereicht. Zuvor in der

Der aufgefundene Schuh des Toten mit gelockerten Schnürsenkeln, vorne die Schlaufe für Steigeisenriemen, die nicht nur die Brüder hatten.

Küche sind diese aber oftmals schon von Hand zu Hand bis zur Präsentation am Tisch gegangen. Der schöne Schein! Jedenfalls stammt der nun vorhandene einzelne Stiefel höchstwahrscheinlich von der Expedition im Jahre 1970, und somit scheint klar, es muss Günthers Stiefel sein.

Muss er das wirklich? Hat damals nicht auch Reinhold seine genau gleichen Stiefel im selben Tal zurückgelassen? Wo sind diese denn verblieben?

Inzwischen veröffentlichte Fotos mit Reinhold und der Trek-kinggruppe am rekonstruierten Fundort (29. August) zeigen

37

Hans Saler in der Rupalwand mit Steigeisenschlaufe

den Schuh mit aus dem Schaft heraushängenden Resten von Socken und Gewebe – ein Hinweis darauf, dass der Schuh wohl zu den Überresten gehören und mit ihnen gemeinsam aufgefunden worden sein kann.

Wie auch immer, dieser Stiefel weist eine bestimmte Art der Schnürung auf. Die Bändel sind nicht festgezogen, wie zu einer Tour mit Steigeisen, die nach Aussage Reinholds immer getragen worden waren, weshalb er sich noch vor zwei Jahren einen Sucherfolg mit Metalldetektoren versprochen hatte. Sie sind vielmehr gelöst wie beim Aufenthalt in einem Hochlager oder Biwak, und sie waren von ihrem Besitzer nach hinten gebunden worden, was darauf schließen lässt, dass sein Fuß im gelockerten Schuh steckte und keine Steigeisen getragen wurden. Der Träger dieses Stiefels war also nicht unterwegs gewesen, sondern hatte sich in der Situation eines Biwak- oder Ruheplatzes befunden.

Unter dieser Voraussetzung scheint es wenig wahrscheinlich, dass dieser Tote durch einen Absturz ums Leben kam, wenngleich ein schwer Höhenkranker in seinem Handeln kaum einschätzbar ist, weshalb die Todesart nach wie vor ungeklärt bleibt.

Zur besonderen Identifikation des Stiefels weist Reinhold auf eine extra angebrachte Schlaufe zur Sicherung der Steigeisen hin, wie sie nach seiner Aussage nur Günther und er verwendet haben sollen. Das stimmt wiederum nicht, denn auch andere Teilnehmer, wie zum Beispiel Hans Saler, verwendeten eine identische Schlaufe.

Die meisten Teilnehmer unserer Expedition lieferten ihre Stiefel, die alle von gleichem Aussehen waren, anschließend beim »Deutschen Institut für Auslandsforschung« wieder ab. Nach Herrligkoffers Tod wurde Reinhold Messner Vorsitzender dieser Institution mit unbegrenzter Handlungsfähigkeit, worauf ich noch zurückkomme. Die Fotos vom wieder aufgesuchten Fundort der Leiche zeigen die Schnürung am Stiefel anders als auf dem späteren Foto in Islamabad. Der Zustand der Schnürung in Islamabad – der bildliche Hinweis auf die »Biwakschnürung« – stellt anscheinend eine Rekonstruktion der Schnürung vor der Entnahme der DNA-Probe dar. Die ursprüngliche Position der Bändel wird vor allem durch die unübersehbaren Spuren deutlich, welche die verrosteten Haken in langen Jahren auf ihnen hinterlassen haben.

Der andere Tote

Am Tag des Fundes, dem 17. Juli 2005, wurde von den beauftragten Suchern in geringem Abstand noch eine weitere
Leiche wiederentdeckt, die Plastikschuhe trug. Dieser Tote
war erwiesenermaßen schon im Sommer 2004 von Jochen
Hemmleb an gleicher Stelle gefunden und fotografiert worden. Kurz darauf fanden ihn auch Österreichische Bergsteiger, die dort unterwegs waren. Vom Kopf hatte J. Hemmleb
nur den Unterkiefer erkennen können und der Stiefel steckte noch in einem Hosenbein. Andere Gebeine waren vor-
handen. Seine Kleidung kann nur von einem Asiaten stammen. Sie hat keinesfalls etwas mit Günther zu tun, auch wenn
er einen blauen Sweater trug, was an dessen Jacke erinnern
mochte.

Ob schon zuvor oder bei dem angeordneten Verlegungsma-
növer angesichts der Nähe der beiden Toten Verwechslun-
gen, Verquickungen oder gar Manipulationen »passiert« sind,
wissen wir nicht. Völlig ausschließen kann man nicht einmal das.

Plastikschuh des Asiaten

Jochen Hemmleb war Co-
Initiator und Teilnehmer
der erfolgreichen Such-
expedition im Jahre 1999
am Mt. Everest gewesen,
bei der die seit 75 Jahren
vermisste Leiche George
Malloys endlich gefunden
wurde.

An der Diamirflanke des
Nanga Parbat sind in jün-
gerer Zeit vier Asiaten um-

gekommen. Ein Koreaner stürzte 1989 in der Löw-Eisrinne ab, ein anderer fiel 1990 im Bereich der Bazhin-Mulde auf etwa 7400 Metern in eine Spalte, und ein dritter verschwand 1993 an der Gipfelpyramide in ungefähr 8000 Metern. Ein Japaner wurde 1998 in der Löw-Eisrinne von Steinen erschlagen. Nach Ansicht von Jochen Hemmleb ist es am wahrscheinlichsten, dass es sich bei seinem 2004 gemachten Fund – am 17. Juli 2005 erneut entdeckt – um jenen Koreaner handelt, der 1993 in

Der 2004 schon einmal aufgefundene Tote. Der Stiefel steckt noch im Hosenbein.

etwa 8000 Metern Höhe an der Gipfelpyramide verschwunden war. Die Lage des Toten auf dem Gletscherarm, der aus dem zentralen Bereich der Diamirflanke rechts der Kinshoferroute herabfließt, zeigt uns, dass er an deren oberem Abschnitt verunglückt sein muss. Nach wohl schon tiefem Sturz wurde er durch Lawinen und Gletscherfluss bis zur Fundstelle transportiert.

Von diesem Toten ist inzwischen nicht mehr die Rede. Da er eindeutig aus großer Höhe herabgekommen war und nun in der Nähe der Leiche Günthers lag, war dieser vergleichende Hinweis nicht erwünscht. Denn es muss ganz einfach angenommen werden, dass der Leichnam, der Günther Messner zugeordnet wurde, ebenfalls von tauenden Schneemassen aus großer Höhe herabgetragen worden ist, wie anfänglich ge-

41

Die Leiche Mallorys am Mount Everest 1999

meldet wurde, wenngleich die Höhenangabe des Naeem Khan von 7000 Meter in dieser Präzision natürlich nicht stimmen muss. Der Leichnam könnte in jedem höheren Bereich gelegen haben.

Zusammengefasst bedeutet dies: Wenn ein Toter, der nachweislich mehr als zwei Jahrzehnte nach Günther sehr hoch oben am Berg verunglückt ist, unten auf fast gleicher Höhe und in nur geringer Distanz zum anderen Leichnam gefunden wird, dann zeigt dies, wie viel sich aus dem Fundort Günther Messners über dessen Todesort und die genauen Umstände ableiten lässt, nämlich so gut wie gar nichts.

Die Behauptung Reinholds, ein tschechischer Bergsteiger namens Tomaz Humar oder der Spanier Manuel Vazquez, die zu dieser Zeit am Nanga Parbat unterwegs gewesen waren, hätten die seinen Annahmen widersprechende Mutmaßung über die Herkunft der Leiche Günthers aus großer Höhe verbreitet, ist jedenfalls falsch. Vor dieser Meldung durch Naeem Khan wusste niemand etwas von der neuen Entdeckung – allenfalls Reinhold selbst, in dessen Auftrag ja anscheinend gesucht worden war. An der Fundstelle, etwa eine halbe Stunde Weges von dem genannten Basislagerplatz entfernt, ist – außer dem genannten Asiaten – zuvor trotz »regelmäßiger Suche«, wie Reinhold angibt, nie etwas gesehen worden, was ja schon weitgehend ausschließt, dass die anfangs zudem noch als gefroren gemeldeten Leichenreste dort unten schon länger hätten liegen können.

Wenn der Tote, der Günther zugeordnet wurde, nun an oder auch nur nahe der Fundstelle gestorben sein soll, wie Reinhold dies schon immer vermutet haben will, darf gefragt werden, warum er oder seine Beauftragten dann an dieser Stelle nicht längst intensiv gesucht haben und, falls dies geschehen sein sollte, warum nie etwas gefunden wurde.

Wäre der aufgefundene Tote vor 35 Jahren aber an dieser Stelle gestorben, wie Reinhold behauptet, wäre er wiederum längst durch Gletscherbewegungen bedeutend weiter talauswärts getragen worden.

Was noch fehlt

Wo ist der Kopf des toten Günther geblieben? Sollte ihn ein Vogel hinweggetragen oder gar ein schamloser Finder mit nach Hause genommen und als Souvenir behalten haben? Welch ein Gedanke! Es darf vermutet werden, dass dieser von den zermalmenden Kräften abwärts wälzender Gletscher in unbekannter Höhe abgerissen wurde. Er könnte weit oben liegen geblieben sein. Vielleicht wird er eines Tages gefunden und gibt uns weitere Auskunft (siehe dazu eine Pressemeldung am Ende des Kapitels »Das Brandopfer«).

Auch von der anfangs gesichteten Jacke Günthers ist keine Rede mehr. Nach Zeugenbericht waren jedoch Haare bei diesem Fund und eines davon verwahrte Dr. Hipp in einem Gläschen. Woher angesichts des fehlenden Schädels Haare kommen sollen, erscheint unerklärlich.

Unklar ist auch der Verbleib der Kamera, die Günther mitführte. Sollte er sie bei seinem Tod bei sich getragen haben, so wurde auch sie ihm wohl vom Gletscher entrissen, obwohl niemand diesen größeren Apparat einfach nur um den Hals baumeln ließe, wenn er sich in mühsamem Abstieg befindet. Wenn sich der Sterbende jedoch in einem Biwak oder zumindest in einer Rastsituation befand, wie der Schnürzustand der Schuhbändel vermuten lässt, so hatte er wohl auch die Kamera zur Seite gelegt. Jedenfalls wurde sie dem von Höhenkrankheit Geschwächten nie von seinem Bruder abge-

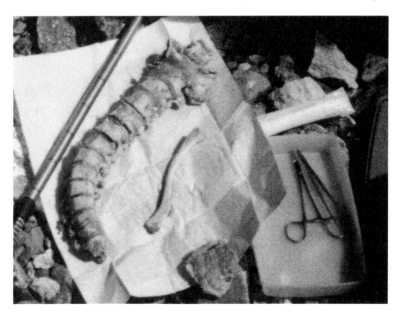

Wirbelsäule der Leiche Günther Messners

nommen, wenn dessen Version ansonsten stimmen würde. Oder ist auch sie entwendet worden? Jedenfalls könnte es viel zur Klärung beitragen, sollte sie eines Tages irgendwo gefunden werden.

Und was ist mit den Steigeisen? Der Sterbende trug sie jedenfalls nicht. Auch sie könnten eines Tages auftauchen wie auch der Eispickel.

Günthers DNA?

Wie gegenüber Journalisten verlautbart, wurden der gefundenen Leiche Proben für einen DNA-Test entnommen.

»Wir brauchen diese Tests nicht, aber wir machen sie trotzdem«, entschied Reinhold.

Der Umgang mit Gewebeteilen für eine forensisch brauchbare Untersuchung setzt allerdings fachkundige Detailkenntnisse und höchste Genauigkeit voraus. Kein noch so ordentlicher Expeditionsarzt kann dafür die nötigen Voraussetzungen mitbringen.

Da die vor Ort angekommenen Personen ja ursprünglich nicht mit einem solchen Fund gerechnet haben konnten, hatten sie wohl kaum eine Laborausrüstung dabei, wie sie für eine dem heutigen Stand der Wissenschaft entsprechende Untersuchung solcher Objekte unerlässlich ist, da jedes anfliegende Haar und die kleinste Berührung das Ergebnis im Sinne juristischer Beweiskraft schon verfälschen können. Dafür hätte ein Experte im präzisen Umgang mit mitochondrischen Zellbestandteilen tätig geworden sein müssen. Woher sollte ein solcher plötzlich kommen? Keine Behörde, kein Fachlabor war verständigt worden – ganz abgesehen von der zuvor unkontrolliert und in diesem Sinne höchst unsensibel vorgenommenen Verlagerungen aller Teile durch Laien.

Das gleiche Problem war ja schon einmal im Sommer 2000 aufgetaucht, als in diesem weiten Bereich bei einem Rundgang im Geröll von H. P. Eisendle ein einsames Wadenbein gefunden worden war, zusammen mit einem Stahlseil der Expedition von 1962 und einem grünen Stofffetzen, dessen Herkunft ungeklärt blieb.

Der Arzt Dr. Hubert Messner, ein Bruder Reinholds und damals mit diesem in der Nähe, hielt sich, wie die Presse berichtete, den als »Fibula« (Wadenbein) bezeichneten Knochen neben sein eigenes Bein und stellte fest, dass es deutlich zu lang sei, um zu Günther zu passen. Das Objekt wurde dann einem Pakistani zugesprochen, kurzerhand mit nach Hause genommen und verblieb daraufhin dreieinhalb Jahre als eine Art Souvenir in Reinholds Bibliothek.

Vor einer Gerichtsverhandlung in Hamburg im Dezember 2003 wurde es dann doch für brauchbar gehalten und nach Innsbruck in die Pathologie gebracht. Das Ergebnis blieb wissenschaftlich unvollständig. Prof. Rabl sprach von einer zu großen Zersetzung des Gewebes. Die vorhergegangenen Kontaminationen – vor allem durch Reinhold selbst – sind vorstellbar.

Von 16 notwendigen Einzeluntersuchungen ließen nur fünf eine brauchbare Aussage zu. Die dabei genannten Vergleichszahlen, die nur Wissenschaftler richtig deuten können, klingen für Laien zwar glaubwürdig im Sinne einer Verwandtschaft der Fibula mit der Familie Messner, erfüllen aber in der Fachwelt in Wahrheit nicht einmal zu einem Promille die notwendige Norm für eine eindeutige Identifikation.

Reinhold verhundertfachte sicherheitshalber die Vergleichsziffern bei Interviews und verkündete schon damals: »Mit dem Fund habe ich mir meine Ehre selbst wieder zurückgegeben.« Eine seltsame Vorstellung des Ehrbegriffs.

3 ½ Jahre Souvenir in Messners Bibliothek – dann Günthers Fibula?

Diese ganze Fabula von der Fibula ging durch die Presse, und ein prophetischer Journalist verkündete in *Bild* schon am 24. Januar 2004, also 18 Monate vor dem tatsächlichen Fund der Leiche: »Messner fand seinen toten Bruder im Eis.«

Reinholds Achillesferse

Die Resultate aus dem neuen Fund hinsichtlich Ort und Ursache des Todes dieses Menschen bleiben insbesondere durch die höchst unseriösen Verlegungsmaßnahmen unklar. Sogar dessen eindeutige Identität lässt Fragen offen. Auch die allzu absichtsvoll erscheinende Rekonstruktion am Fundplatz für die Öffentlichkeit hinterlässt ein seltsames Gefühl und fordert kritische Fragen geradezu heraus.

Das Hauptproblem, auf das letztlich immer wieder alles hinausläuft, ist doch die Frage, ob Reinhold die Überschreitung des Nanga Parbat 1970 geplant hatte und deshalb auch durchführte, oder ob ihn eine Notsituation dazu veranlasste, wie er behauptet. Von diesem Kernpunkt lenkt Reinhold immer wieder ab und verlagert die Thematik auf andere Gegebenheiten, beispielsweise auf den Fundort Günthers. Aber all dies beantwortet eben nicht die Frage nach Reinholds damaligem Wollen und Handeln in Bezug auf die Überschreitung des Berges, die ihn berühmt machte.

Reinhold hatte, darauf muss immer wieder hingewiesen werden, vor seinem Aufstieg damals in präziser Deutlichkeit und mit einem Bild der Diamirseite gegenüber mehreren Kameraden sein Ziel einer Überschreitung kundgetan. Ohne diese Erklärung, die man ernst nehmen muss, wäre alles anders zu verstehen, aber genau sie bildet den zentralen Ausgang für alle Folgen. Das ist der neuralgische Punkt, Reinholds Achillesferse.

Erst dadurch, dass er entsprechend seiner Ankündigung, den Berg zu überschreiten, gehandelt hat, kamen die Brüder in die beschriebene Notlage – für Günther –, und das Drama entwickelte sich daraus bis zu dessen Tod.

Aber dieser eigentliche Hintergrund des Ablaufs, den er mit sich selbst und mit seinem Bruder auszumachen hatte, wurde ihm von seinen damaligen Kameraden eben nie zum eigentlichen Vorwurf gemacht. Es war sein Wille gewesen, den wir zwar hinterfragen durften, weil er uns beschuldigt hatte, aber verurteilt hat ihn dafür niemand.

Die naheliegende Entscheidung der Brüder am Abend nach Erreichen des Gipfels, wie auch immer diese zustande kam, nämlich dass Günther wieder zurück zu den Kameraden absteigen solle, wo eine versicherte Merklrinne, wo Zelte, Versorgung und Sauerstoff ihn erwarteten, war angesichts seiner Ausrüstung und seines glaubhaft gemachten Zustandes immerhin die noch zweitbeste Möglichkeit, wenn auch nicht die beste. Denn dazu hätte Reinhold ihn natürlich begleiten müssen! Jedenfalls aber war eine solche Lösung vernünftiger, als Günther in die höchst gefährliche Ungewissheit des Abstieges über eine menschenleere Route hinab zum Diamirtal mitzunehmen. Aus dieser durchaus sinnvoll erscheinenden Hypothese kann aber kein Vorwurf konstruiert werden, der in irgendeiner Form als »Brudermord« bezeichnet werden könnte.

Dass Günther nach der Trennung, wie angesichts des Fundorts der Leiche erwiesen scheint, den Scheitelpunkt zurück zur Rupalflanke noch nicht wieder erreicht hatte, aus welchen Gründen auch immer, ist ein Umstand, der sich damals allem Anschein nach auch Reinholds Wahrnehmung entzog. Dieser mochte angenommen haben, dass der Bruder doch noch irgendwie zu uns gelangte oder gefunden wurde, nachdem er selbst seine Überschreitung fortgesetzt hatte, weshalb seine entsetzte Frage, als er mit uns wieder zusammentraf, »Wo ist Günther?« durchaus Sinn macht.

Warum, so darf man mich fragen, beschäftige ich mich hier denn überhaupt so intensiv mit den Umständen dieses Leichenfundes, da es bei der Auseinandersetzung darauf doch eigentlich nicht ankommt? Weil die falschen Rückschlüsse, die man daraus zieht, zu einem Scheingefecht missbraucht werden, das eine verfehlte Meinungsbildung bewirken soll und weil dabei zu alledem mit unredlichen Mitteln erneut falsche Schuldzuweisungen im Zuge der heraufbeschworenen Kontroverse inszeniert wurden. Dies berechtigt zu kritischen Fragen und macht es nötig, sogar eine möglichst lückenlose Aufbereitung der Einzelheiten zu versuchen.

Der beschriebene Zustand des Stiefels – wobei es doch wohl zwei gewesen waren!? – lässt zwar den Schluss zu, dass Günther hoch oben in seinem einsamen nächtlichen Notbiwak starb, dessen Platz er wegen Übermüdung eben noch vor Erreichen der Rupalseite gewählt hatte.

Aber eine letzte Sicherheit für die Art seines Todes haben wir nicht, und dieser wird sich wohl kaum je eindeutig rekonstruieren lassen, weil fast alle darauf hinweisenden Indizien oder gar Beweise absichtlich vernichtet wurden.

Nicht vernichtet sind jedoch die Erinnerungen an den Menschen Günther, an sein lauteres Wesen, seine etwas zurückhaltende Lustigkeit und seine viel zu früh gestorbenen Hoffnungen.

GÜNTHER, DER KAMERAD

Nach meiner Aufnahme ins Team für die Nanga Parbat Expedition fragte mich Teamleiter Herrligkoffer, ob ich bereit sei, den Grundkostensatz fur einen weiteren Teilnehmer mit zu übernehmen. Ich bejahte und gab ihm einen Scheck über 14 000 DM, was den Kosten für zwei Personen entsprach. Später teilte er mir mit, dass es durch meinen Zusatzbeitrag nun möglich geworden sei, den jüngeren Bruder Reinholds, Günther Messner, mitzunehmen.

Obschon sich ein für vieles verwendbarer Geldbetrag nicht ausschließlich auf eine bestimmte Person festlegen lässt, hat dieser Hinweis mich immer begleitet und mir das Gefühl einer besonderen Verantwortung für Günther gegeben. Die widrigen Geschehnisse um ihn und sein früher Tod haben dann in mir die vage Empfindung meiner Ursächlichkeit für sein Schicksal hinterlassen, was natürlich keine reale Grundlage hat. Meine besonderen Bemühungen für Reinhold nach der Expedition waren davon mitbestimmt.

Zum ersten Mal sah ich Günther am 8. April 1970 bei der Verabschiedung des Expeditionsteams durch Oberbürgermeister Hans-Jochen Vogel mit einem gemeinsamen Essen im Rathaus in München.

Ich glaube, Günther trug einen hellgrauen Anzug mit weißem Hemd ohne Krawatte. Seine dunklen Haare waren kurz geschnitten und nach vorne gekämmt. Er wirkte bescheiden

Der Münchener Oberbürgermeister Hans-Jochen Vogel verabschiedet
die Nanga-Parbat-Expedition am 8. April 1970. Rechts neben Vogel
Günther Messner

und zurückhaltend. Nach der kurzen Begrüßung habe ich
ebenso wenig mit ihm gesprochen wie mit einer Anzahl anderer Teilnehmer, da sich dafür keine Gelegenheit ergab. Ansprachen, gute Wünsche, Gruppenfotos, Interviews mit dem
Leader, dann war es bald schon Zeit für den Aufbruch des vorausfahrenden größeren Teils des Teams, dem auch Günther
zugehörte.

Herrligkoffer und einige wenige, darunter auch Reinhold und
ich, blieben zurück, um knapp drei Wochen später nach Rawalpindi zu fliegen. Das galt als Privileg, denn die etwa siebentausend Kilometer Anreise mit dem ganzen Gepäck der
Expedition war fraglos strapaziös und zeitraubend, wenn
auch hochinteressant. Nachträglich bedauerte ich, nicht dabei gewesen zu sein.

Am 26. April trafen alle fast gleichzeitig in Rawalpindi wieder zusammen, und in der darauf folgenden Wartezeit bis
zum wetterbedingt verzögerten Weiterflug nach Gilgit, dem
Ausgangspunkt der eigentlichen Expedition zu unserem
Traumberg, hatten wir genügend Zeit, uns gegenseitig näher
kennen zu lernen.

Mein Hotelzimmer lag neben dem der Brüder Messner, und so hatten wir gute Möglichkeit, miteinander zu reden. Schon bald fiel mir auf, dass der sonst durchaus gesprächige Günther sich weitgehend zurückhielt, wenn Reinhold dabei war. Diese Beobachtung machte nicht nur ich. Hans Saler schrieb einmal in einem offenen Brief an Reinhold: »Günther war Dir vollkommen ergeben. So gut ich ihn

Hans Saler 1970

freundschaftlich kannte, so erkannte ich ihn nicht wieder, wenn er in Deiner Nähe war«.

Diese Feststellung sah ich nicht kritisch. Günther war nun mal der Jüngere und Unerfahrenere. Diese Art der Beziehung kommt zwischen Geschwistern oft vor und entwickelt sich innerhalb einer Familie – Hackordnung sozusagen. Dazu kam ja auch der erwähnte Umstand, dass Günther durch Reinhold ins Team mitgebracht worden war. Hans Saler bemühte sich, den Brüdern im Pool des Hotels das Schwimmen beizubringen. Wir hatten viel Spaß.

Die gute Beziehung konnte auch in Gilgit weiter wachsen, wo wir uns erneut länger aufhielten, was den drängelnden Reinhold ärgerte und zu erster Kritik am Leader veranlasste. Auf dem langen und teils beschwerlichen Anmarsch um das Massiv des Nanga Parbat zu dessen Südseite, wo wegen vorhergegangener Wetterstürze die Wege großenteils nicht befahrbar waren, ging ich meist mit Reinhold dem Trägerpulk und den anderen weit voraus, was zu Kritik Anlass gab. Günther blieb diszipliniert beim Team. Trotzdem schaffte er es nach den Tagen und teils auch Nächten des Marschierens, mit Reinhold gemeinsam zuerst den Basislagerplatz zu erreichen. Als ich kurz darauf eintraf, saßen die beiden bereits auf der westlich gelegenen Randmoräne und riefen mir fröhlich zu.

Innerhalb des entstehenden Lagers hatten die Brüder ein gemeinsames Zelt. Mein kleines, das ich allein bewohnte, lag etwas mehr im Süden, dem Rupalfluss zu. Da mein rechtes Handgelenk noch wegen eines Anrisses, den ich mir in Rawalpindi zugezogen hatte, bis zum Ellbogen im Gips steckte, bot sich Günther an, mir behilflich zu sein. Ich war ihm dafür dankbar, besonders da mich große Übelkeit befallen hatte, wie zuvor schon Felix Kuen, der teilweise sogar getragen werden musste. Später habe ich dann auch in beachtlichen Höhen keine Probleme mehr gehabt, und Felix ist, wie bekannt, sogar zum Gipfel aufgestiegen. Jeder bekam irgendwann seine ganz persönliche Krise ob der Umstellung der Lebensbedingungen.

Die Brüder stiegen alsbald zusammen in die Wand ein, die sich gigantisch vor uns erhob, wobei sich durch die Nähe zum Wandfuß, kaum zwei Kilometer entfernt, die Details perspektivisch für uns verschoben darstellten. Erst als ich etwas später einmal den vis-à-vis im Süden stehenden Rupal-Pyramidpeak bestieg, hatte ich die richtige »Draufsicht«.

Am 17. Mai erreichte ich erstmals zusammen mit Hans nach einem schwierigen Nachtaufstieg mit Irrungen Lager I. Am nächsten Tag, dem 18. Mai, hatte Günther Geburtstag. Ich bemühte mich, etwas Genießbares für ihn zu kochen. Eine Torte mit Kerzen gab es allerdings nicht.

Das Wetter war strahlend, und Günther saß in dem orangefarbenen Overall, den wir alle bekommen hatten, in der Sonne auf einem kleinen, vorgelagerten Schneeplateau und schrieb in sein Tagebuch.

Am nächsten Tag erkundeten die Brüder zusammen mit Werner Haim den geeigneten Platz für Lager II. Die einzelnen Ab-

Rupalflanke des Nanga Parbat vom Aufstieg zum Rupal-Pyramidenpeak
aus gesehen

läufe habe ich in der »Überschreitung« detailliert beschrieben und gehe hier möglichst nur auf solche Vorgänge ein, bei denen Günther zugegen war.

Das Wetter war wechselhaft, wobei die schlechten Perioden nie lange anhielten. Aber die gewaltigen Schneemassen, die dabei fielen und die das Weiterkommen in der Wand bis zum Niedergang der jeweils folgenden ungeheuren Staublawine

Günther an seinem 24. Geburtstag

unmöglich machten, zwangen immer wieder zum Rückzug,
oft bis ins Hauptlager.

Am 22. Mai waren alle wieder dort versammelt und standen
um das mächtige Lagerfeuer herum, für das wir im weiten
Rund hartes, silbergebleichtes Altholz herangeschleppt hatten. Abends war ich noch bei den Brüdern im Zelt, und wir
sprachen über Pläne, Chancen und Möglichkeiten. Reinhold
erklärte mir, er habe die gut durchdachte Idee, den Nanga Parbat zu überschreiten, wenn sich dafür die günstige Gelegenheit böte, nach dem Gipfel drüben ins Diamirtal abzusteigen.
Er besaß ein gefaltetes Bild dieser Seite und erklärte mir darauf mit erstaunlicher Genauigkeit, wie er sich den Abstieg auf

Günther mit Max

eine Route vorstellte, die der 1895 verschollene Mummery zum Anstieg versucht hatte.

Günther lag unterdessen auf seiner Matratze und bemerkte nur einmal lächelnd, dass erst einmal der Gipfel erreicht werden müsse, wobei ja noch nicht sicher sei, dass dies überhaupt gelänge.

Ich war jedenfalls sehr beeindruckt von Reinholds Willenserklärung, die er heute so vehement in Abrede stellt, obschon er die gleichen Aussagen auch anderen Kameraden gegenüber bei verschiedenen Gelegenheiten gemacht hatte, was ich erst nach Ausbruch der jetzigen Kontroverse erfuhr. So diskret hatten wir uns alle verhalten.

Günther kannte Reinhold. Er wusste um dessen Ehrgeiz und kannte seine ungeheuere Energie, wenn es galt, seinen Willen durchzusetzen. Auch Günther war ehrgeizig, wenn auch bedeutend maßvoller; seine Interessen waren breiter gestreut, seine alpinistische Leidenschaft begleitet von Freude an und Achtsamkeit für die Natur. Ich sehe ihn noch, wie er mit einem eigens von zu Hause mitgebrachten Netz herumrannte, um einen der wenigen exotischen Schmetterlinge zu fangen, die sich zum Basislager hinauf verirrt hatten. Er wollte ihn einem ihm nahe stehenden Biologielehrer mitbringen, wie er mir erzählte.

Günthers Wesen war herzlich und liebenswürdig. Kaum etwas brachte ihn aus der Ruhe. Aufmerksam hörte er zu, wenn man ihm etwas erzählte, und an seinen Fragen ließ sich seine Anteilnahme erkennen. Manchmal schnalzte er leicht mit der Zunge, was Zustimmung bedeutete, mit wiederholtem Schnalzen drückte er Verneinung aus.

Oft erzählte er von seinem Zuhause, seinen Eltern und Geschwistern und auch einmal von den vielen Hühnern, die der Vater hielt und die die Söhne schlachten mussten. Er hing

Günther und Reinhold Messner im Höhenlager

sehr an seiner Familie und verehrte seine Eltern. Dass ihn sein
Vater hart behandelt hätte, wie Reinhold nach dessen Tod
drastisch erzählte, hat er nie auch nur andeutungsweise erwähnt. Ohne Frage hing Günther in besonderer Weise an diesem älteren Bruder, mit dem ihn viele gemeinsame und be-
achtenswerte Touren verbanden. Seine Kameradschaft und
Hilfsbereitschaft für ihn kannte kaum Grenzen. Er kümmerte sich in vielerlei Weise um ihn, trug, half und kochte. Reinhold nahm dies alles hin wie eine gewohnte Selbstverständ-
lichkeit. Auch um seine anderen Gefährten kümmerte sich
Günther mit Aufmerksamkeit, wenn ihm die Mühe für den
Bruder dafür Zeit ließ. Die Fürsorge für diesen stand aber immer an erster Stelle.

Später sprach Reinhold noch einmal in Anwesenheit Günthers über sein Vorhaben, eine Überschreitung zu wagen. Es war natürlich klar, dass Herrligkoffer und dessen engster Kreis nichts von dieser Idee erfahren durften. Aber in dieser Hinsicht konnte er sich auf mich verlassen, und auf die anderen, mit denen er darüber sprach, offenbar auch.

Dieses Thema stand natürlich nicht dauernd im Vordergrund, weil uns die vielen Aufgaben, die zu erledigen waren, um die Rupalflanke zu bewältigen, ständig in Atem hielten. Als dann später Felix Kuen, vom Gipfel zurückgekehrt, meldete, er habe Reinhold im hohen Bereich oberhalb der gegenüberliegenden Seite stehen sehen, und dieser habe ihm mit knappen Worten mitgeteilt, er werde drüben nun absteigen, wurde mir der Zusammenhang wieder deutlich bewusst, und ich befand mich in dem Zwiespalt, aus ebenfalls guten Gründen mit Herrligkoffer über meine Kenntnisse zu sprechen.

Aus Unkenntnis stellte dieser nämlich dauernd falsche Überlegungen an. Ich verließ mich jedoch auf Reinholds klare Dispositionen, auch wenn ich dabei nicht in aller Konsequenz bedenken konnte, was es bedeutete, dass ihn Günther unvorhersehbarerweise auf diesem Weg begleitete. Dass dieser von Peter und Felix weder gesehen worden noch von Reinhold beim Rufkontakt erwähnt worden war, schien zwar seltsam, war jedoch noch kein Anlass für besondere Befürchtungen.

Ich jedenfalls glaubte zuversichtlich an die glückliche Rückkehr beider Brüder und dachte vorrangig an die negativen Konsequenzen, die diese zuvor angekündigte Überschreitung für Reinhold haben konnte. Gewiss würde man ihm seinen Alleingang zum Vorwurf machen, und damit hatte ich – bis heute – leider Recht.

Peter auf dem Gipfel des Nanga Parbat, rechts der pakistanische
und Tiroler Wimpel

DER VERBOTENE
SECHSTAUSENDER

Entsprechend meinen damaligen Notizen und meinem guten Gedächtnis nutzten Reinhold, Günther und ich am 16. Juni 1970 eine wetterbedingte Pause bei den Vorbereitungen zur Ersteigung des Nanga Parbat, um einen zuvor schon angedachten Besteigungsversuch eines nahen Berges zu wagen.

Das Wetter war gut, aber die jüngsten Schneefälle machten die Rupalwand so lange unbegehbar, bis die zu erwartende enorme Staublawine von ganz oben die Route wieder frei fegte, wobei die ungeheuren Schneemassen hauptsächlich in einen Gletscher stürzten, der hinter der westlich den Hauptlagerbereich abgrenzenden Randmoräne lag und den an dessen Ende gelegenen See speiste. Keiner von uns hatte je größere Lawinen gesehen.

Also machten sich die Brüder Messner gemeinsam mit mir nachmittags vom Basislager auf, um den etwa 6000 Meter hohen, bisher noch unbestiegenen Berg hinter dem südwestlichen Tal jenseits des Rupalflusses, über den wir mit Stahltrossen eine provisorische Brücke gebaut hatten, zu besteigen oder es wenigstens zu versuchen. In genau einem Tag mussten wir allerdings zurück sein. Karl durfte davon nichts wissen, denn er hätte sonst, gegebenenfalls sogar unter Hinzuziehung des Aufsicht führenden pakistanischen Offiziers, diese ungenehmigte Tour unterbunden.

Für mich bedeutete diese Unternehmung in Gesellschaft dieses hervorragenden Brüderteams, auch wenn deren Ausgang noch nicht absehbar war, eine große Herausforderung. Aber auch für Reinhold und Günther konnte dieser Gipfel der bisher höchste Erfolg ihrer Bergsteigerkarriere sein.

Den Berg und seine Aufstiegsmöglichkeiten hatten wir schon von Hochlagern der Rupalwand aus studieren können und Reinhold zeigte dabei beachtliches Engagement und umsichtige Beurteilung.

Während der vielen Stunden Anmarsch durch ein langgezogenes Geröllhochtal mit dauernden Auf- und Abstiegen durch zerklüftete, gewaltige Moränen und sprudelnde Bäche war es nun Nacht geworden. Reinhold stieg voraus und gab uns mit der Taschenlampe immer wieder Lichtsignale. Das Bewusstsein, dass wir uns auf einem Terrain bewegen, auf das nach menschlichem Ermessen noch nie jemand seinen Fuß gesetzt haben mochte, begeisterte und motivierte vor allem auch Günther, der bester Laune war und bei kurzen Atempausen amüsiert über seinen Bruder witzelte, der mal mehr rechts und mal mehr links vor uns auftauchte und sich suchend abmühte, die vorgesehene Route zum Anstieg zu finden, die wir zuvor nur aus großer Höhe und Entfernung hatten einsehen können.

Endlich erreichten wir den direkten Aufstieg. Höher und höher stapften wir immer steiler durch Schnee, der härter und eisiger wurde und gelegentlich von Felsen durchsetzt war. Der Mond spendete uns sein kaltes Licht, und die Augen gewöhnten sich langsam daran, der weitgehend logischen Linie zu folgen.

Müdigkeit darf es in dieser fernen Region nicht geben. Sich niederzusetzen kann bedeuten, dass man nie wieder aufsteht. Jede Nachlässigkeit konnte dazu führen, dass man abrutsch-

Eine der gewaltigen Lawinen in der Rupalwand, die uns den Aufstieg vom
Neuschnee freiräumten.

te und in der unter uns schwarz gähnende Tiefe verschwand,
deren Ende wir in der Dunkelheit nicht mehr wahrnehmen
konnten.

Eisabbrüche und Schneewülste schienen nicht so gigantisch
wie vor allem im mittleren Bereich der Rupalflanke, und nur
in kurzen Abschnitten wurde die Neigung vergleichbar steil.
Aber ohne jede Sicherung und angesichts der Widerspens-
tigkeit des gefrorenen Schnees und gelegentlich klirrenden
Eises, dem wir auszuweichen suchten, war jeder Tritt mit
größter Aufmerksamkeit zu setzen oder manchmal auch
kraftvoll in den Untergrund einzuschlagen, der andererseits
jedoch zuverlässig hielt.

Neben mir stieg Günther und meist kurz voraus Reinhold,
der aber keine richtigen Spuren mehr in der harten Oberflä-
che hinterlassen konnte. Wir hatten weder Pickel noch Seil
dabei, nur Schistöcke, die in dieser Lage aber kaum sinnvoll

65

einsetzbar waren. Die steile Route machte mir schließlich in der Höhe und bei Nachttemperaturen große Mühe, meine Aufmerksamkeit zwischen Müdigkeit, schneller Atmung, steigender Herzfrequenz und grimmiger Kälte zu teilen.

Die Kälte gewann und ich spürte meine Füße nicht mehr – ein schlechtes Zeichen. Auf einem winzigen Standplatz zog ich die Stiefel aus und rieb meine Füße mit Schnee. Dann riss ich meine Rettungsdecke, eine dünne Goldfolie, in zwei Teile und umwickelte damit meine Füße zur Isolierung und Erhaltung der Restwärme. Socken und Stiefel darüber. Weiter.

Noch nie hatte ich so sehnsüchtig auf die Sonne gewartet. Sie musste doch endlich aufgehen. Auch Günther kämpfte. Reinhold legte manchmal sekundenlange Pausen ein. Doch an eine Rast durften wir nicht denken.

Kurz vor Tageslicht erreichten wir in etwa 5200 Metern Höhe ein kleines Plateau, von dem der eigentliche Gipfelanstieg ausgehen musste, wie wir zu Recht vermuteten. An diesem Punkt erwarteten wir den nahenden Sonnenaufgang. Nun drohte kein Erfrieren mehr.

Nach kurzer Rast stiegen die Brüder weiter. Ich sagte noch zu Reinhold, dass ich ihnen nachsteigen würde, sobald ich mich wieder erholt hätte. Alles klar. Der kleine Rucksack blieb bei mir.

Die Sonne ging über den Wolken des Tales auf. Wie wunderbar. Ich war mit der Natur versöhnt. Welch großartige Schöpfung dieses Gestirn doch ist. In der Wüste mag man darüber gelegentlich anders denken, aber hier und jetzt ... Wenn Gesundheit und Leben gefährdet scheinen, weiß man beides um so höher einzuschätzen. Meine Füße taten wieder weh. Ein gutes Zeichen!

Nach einer guten halben Stunde in der höher steigenden Morgensonne fühlte ich mich wieder frischer. Ich schrieb noch für alle Fälle für die Brüder Messner in den Schnee: »Bin Euch nachgestiegen.« Dann folgte ich ihren immer weicheren und tieferen Spuren.

Stundenlanges Kämpfen um Höhe und bessere Sicht, denn die sich türmenden Fels- und Eismassive ließen den Blick auf das Ziel nur selten zu. Wolken stiegen in bizarren Formationen auf und senkten sich zu mir ab, als wollten sie nach mir greifen wie der Erlkönig. Zwischendurch brannte die Sonne. Wenn man teilweise bis über die Knie in den Schneemassen versinkt, wird das Steigen überaus anstrengend. Endlich erreichte ich den Grat, der zum Gipfel hinüber führt. Plötzlich endeten die Spuren meiner Gefährten abrupt und wiesen hart zu meiner Rechten in die Tiefe. Eine große Wächte war ins Tal abgebrochen und hatte, aus meiner einzig möglichen Sicht, die beiden in die Tiefe gerissen. Auf dem nun felsigen Gelände zum höchsten Punkt fand ich keine Spuren mehr. Was sollte ich tun? Ich erwog zuerst den Abstieg in die vermutete Absturzsenke. Das war technisch jedoch absolut nicht machbar. Ich hätte diesen Versuch nicht überlebt. Außerdem hüllten mich nun immer wieder Nebelschwaden ein.

Ohne ausreichende Sicht wird in völlig unbekanntem Gelände jede Bewegung riskant. Meine Rufe blieben dumpf in den Wolken stecken. So weit konnte es doch nicht mehr sein zum Gipfel. Also hätten mir die beiden doch längst auf ihrem Rückweg begegnen sein müssen, falls sie noch lebten. Entsetzen packte mich: »Was mache ich nur hier in dieser fremden Einsamkeit? Warum sitze ich nicht neben meinen Rosen unter dem Sonnenschirm und schaue den spielenden Kindern zu?« Mir wurde bewusst, dass der kleinste Fehler mich nun auch das Leben kosten konnte. Allein in so großer Entfernung zu allem menschlichen Leben hat schon eine harmlose Verstauchung den Tod zur Folge.

Aber es klarte wieder auf. Wohin ich nun schaute, nichts war von den Messnerbrüdern zu sehen. Erneut überfielen mich schlimmste Ahnungen. Konzentriertes Steigen ließ trübe Gedanken verschwinden. Ich weiß nicht, warum in dieser Situation das fünfte Klavierkonzert von Beethoven in meinen Ohren pochte und alles andere aus meinen Gedanken verdrängte. Jedenfalls empfand ich es als Stärkung aller Körperbereiche. Ich sah ein Gemälde von Caspar David Friedrich vor mir, ein Mann, der von oben auf Berge und in weite Fernen blickt. Mich durchdrang das Gefühl, der erste Mensch zu sein, der hier seine Schritte auf diese Felsen setzt. Das muss ich in mir bewahren, dachte ich.

Als ich endlich mit Mühen auf dem Gipfel angelangt war, gaben die Wolken kurz den Blick zum Nanga frei. Überwältigend! Die Kulisse hatte etwas Unwirkliches, ich war wie in Trance, im Traum. Mein Höhenmesser zeigte etwas über 6000 Meter an. Die Messnerbrüder aber blieben verschwunden.

Sonnenaufgang auf dem Weg zu unserem Sechstausender

Für Minuten gaben die Wolken den Nanga Parbat frei.

So tastete ich mich mühsam und mit trüben Gedanken auf gleichem Wege in Richtung der Stelle zurück, an der wir uns getrennt hatten. Einfachere Hänge ließ ich mich, wie zuvor schon am Rupal-Pyramidpeak, auf dem Hintern hinuntergleiten und steuerte mit dem Stock. »Kontrolliertes Abfahren« nannten wir das. Nach alpinen Regeln gilt dies als schwere Sünde, und es ist auch gefährlich, weil man dabei viel Schnee mitreißen und sogar eine Lawine auslösen könnte. Aber es spart Kraft und Zeit, und darauf kommt es in diesen Regionen vorrangig an. Jedenfalls muss man dabei das Gelände gut überblicken.

Dann schlurfte und stapfte ich weiter abwärts im sumpfig weichen Schnee. Als ich um einen Vorsprung bog, konnte ich plötzlich das kleine Plateau wieder erkennen und sah die Messnerbrüder dort stehen, unverletzt und heiter. Erlöst taumelte ich ihnen die letzten Meter entgegen. Ein großes Wiedersehen. Begeisterung. Wir öffneten eine Dose heimlich im Lager gekaperten Pfirsichkompotts, die einzige Nahrung auf der ganzen Tour. Herrlich! Der Beginn einer Freundschaft. Die beiden hatten eine völlig andere Route zum Abstieg gewählt. Was soll's? Wir waren überglücklich und stiegen ab zu den Moränen. Unterwegs erklärte mir Reinhold, ungenannte Berge dürften von Erstbesteigern benannt werden. Er schlug mir vor, ihn nach meinem Sohn Emanuel zu nennen. «Peak Emanuel«? Ich war mir nicht so sicher. Vielleicht hatte er auch schon einen Namen, den wir nur nicht kannten. Später erfuhren wir, dass unser Berg von den Einheimischen »Heran-Peak« genannt wird, und so nannten wir ihn künftig auch, obwohl Herrligkoffer ihn als »Shaigiri-Peak« bezeichnete.

Unterwegs durch die ermüdenden Moränen und Geröllhügel fragte ich Günther ohne Vorwurf, warum er und Reinhold denn im Hinblick auf unsere zuvor getroffene Vereinbarung eine andere Abstiegsroute genommen hätten. Günther antwortete nicht ohne Verlegenheit, dies sei Reinholds Idee gewesen. Die neu erkannte Route habe ihn gereizt und sei ihm günstiger erschienen, und da sei er eben mitgegangen.

Reinhold berichtete später in seinem Buch »Die rote Rakete«
über ein Schneetreiben bei diesem Abstieg, das mir verbor-
gen geblieben war, und dann nach dem Gipfel:
»… Ich weiß nicht wieso, aber es riss auf, wenn auch nur für
kurze Zeit, und wir waren uns darüber einig, dass es dort
besser ginge. Kaum waren wir in die Rinne eingestiegen, eigentlich froh, dass wir nur mehr abzusteigen brauchten,
dachten wir an Max, der doch andernorts auf uns warten würde. Wir querten deshalb weiter unten nach rechts, hin zu dem
Punkt, wo wir uns von Max getrennt hatten.«
Natürlich war ich dann nicht an diesem Punkt gewesen. Ich
hatte zuvor doch deutlich gesagt, ich würde ihnen nachsteigen! Ein solches Verhalten mag auf alpinen Pfaden harmlos sein, angesichts naher Hütten und bekannter Routen.
Dort aber, in einer menschenleeren Region, in unbekanntem,
teils schwierigem, steilem Gelände und unklarem Wetter war
ein solches Verhalten, objektiv betrachtet, zumindest eigen-
artig.
Ich habe später des öfteren über diese Parallele nachgedacht.
Denn es mag eine vergleichbare Entscheidung gewesen sein,
dort im Gipfelbereich des Nanga, unter noch viel extreme-
ren Umständen. Warum sollte das Verhalten der beiden Brüder dort anders gewesen sein?
Unterwegs zum Lager kam Reinhold nochmals auf sein Vorhaben zu sprechen, nach Erreichen des Nanga-Parbat-Gip-
fels auf der anderen Seite abzusteigen. Er zeigte sich besorgt,
dass Karl den vordrängenden Felix für den Höhepunkt der
Expedition vorziehen mochte. Auch dränge die Zeit, da der
Monsun bald einsetzen könne, wodurch alle Pläne ohnehin
hinfällig wären. Natürlich teilte ich seine Bedenken. Günther
ging bei diesem Gespräch ein Stück hinter uns.
Am späten Nachmittag erreichten wir nach dieser gemein-

samen Erstbesteigung endlich wieder das Hauptlager. Wir waren über 26 Stunden unterwegs gewesen. Kameraden und Träger empfingen uns freudig mit Glückwünschen. Fast ein Sieg! Warum fast? Es war ein Sieg. Neben dem beachtlichen Anmarsch hatten wir innerhalb eines Tages in unbekanntem und teilweise auch schwerem Gelände über 2300 Höhenmeter hinauf und hinunter geschafft.

Karl empfing uns mürrisch und tat so, als nähme er den Vorgang überhaupt nicht zur Kenntnis. Wir konnten ihn verstehen. Schließlich waren wir losgezogen, ohne seine Genehmigung einzuholen oder ihn auch nur zu informieren. Als ich die Stiefel und Socken auszog, erschrak ich. Beide Füße waren rabenschwarz – aber ich konnte sie spüren, jede einzelne Zehe. Des Rätsels Lösung: Das Folienmaterial der Rettungsdecke hatte sich vollkommen aufgelöst und die Haut verfärbt. Danach 14 Stunden Tiefschlaf.

Mit Reinhold hatte ich schon beim Anmarsch Gemeinsames erlebt, nun aber war mir durch diese beeindruckende Extratour auch Günther ein gutes Stück näher gekommen. Sein meist ruhiges Wesen, seine Gelassenheit, sein Humor und seine stete Aufmerksamkeit für die ihn umgebende Natur, deren Schönheit er bewusst in sich aufnahm und dies auch zum Ausdruck brachte, waren eine Freude. Reinhold hingegen schien vorrangig über die Bewältigung natürlicher Hindernisse nachzudenken – ein interessanter Gegensatz.

DER EWIGE ZWEITE

Die letzten Stunden im Leben Günther Messners liegen nach wie vor im Dunkeln. Der einzige Zeuge, der über die Vorgänge um seinen Tod Auskunft geben könnte, Reinhold, hat sich im Lauf der Jahre zu oft widersprochen, als dass ihm vorbehaltlos zu glauben wäre, und so stehen auch wir, seine damaligen Kameraden, die dem Geschehen nahe waren und die Reinholds vielgestaltige Darstellungen dazu kennen, vor mancher offenen Frage.

Ein Bild mit Symbolcharakter: Fast immer stand
der Jüngere hinter dem Älteren.

Fragen sollen einer Klärung dienen. Manchmal können Fragestellungen auch hypothetischer Natur sein, um Zusammen-
hänge besser ausleuchten zu können, die unbeachtet geblieben oder in den Hintergrund gefallen sind. Und manchmal
entspringen Fragen auch einer Wunschvorstellung. Ich muss
hier nun voraussetzen, dass den Lesern durch Bücher und
sachlich gebliebene Medien die entscheidenden Vorgänge der
Besteigung des Nanga Parbat 1970 weitgehend bekannt sind.
Nur so viel zur Erinnerung:

Am 26. Juni 1970 waren die Brüder Messner mit Gerd Baur
zum höchsten Zelt in 7350 Metern Höhe vorausgestiegenen.
Sie hatten keines der eher schweren Teleportgeräte dabei, mit
denen sie die allabendlich über Radio ins Basislager gesen-
dete Wetterprognose von dort hätten empfangen können.
Deshalb war zuvor telefonisch vereinbart worden, diese Information durch ein Raketensignal zu übermitteln. Eine blaue
Rakete sollte gutes, eine rote schlechtes Wetter bedeuten. Versehentlich wurde abends eine falsche, nämlich rote Rakete
gezündet, die ungünstiges Wetter verhieß, obwohl die Vorhersage sehr gut war. Entsprechend seinem eigenen Vorschlag
wollte Reinhold in diesem Fall einen Alleinversuch machen,
um wenigstens zu erkunden, wie weit er kommen könne.

Am frühen Morgen des 27. Juni zwischen 2 und 3 Uhr brach
Reinhold planmäßig von dem erwähnten Zelt – Lager V – zur
nahen Merklrinne in Richtung Gipfel auf. Die Nacht war ster-
nenklar. Seine präzis gewählte und vorbereitete Ausrüstung
dafür ist bekannt. Günther und Gerd Baur blieben zurück und
sollten, wie abgesprochen, bei Tagesanbruch mit der Versicherung der Merklrinne beginnen.

»Die anderen dösten noch, als ich das Zelt verließ«, schrieb
Reinhold in seinem Erstbericht an Karl Herrligkoffer im August 1970. Demnach hat er also, entgegen seiner heutigen

Behauptung, den beiden eben nichts von einer beabsichtigten Rückkehr gesagt. Das bestätigt auch Gerd Baur.

Als die Zurückgebliebenen dann in den frühen Morgenstunden ihr Tagwerk beginnen wollten, war deutlich erkennbar, dass die signalisierte Wetterprognose vom Abend zuvor ein Irrtum gewesen sein musste. Beide waren sich da sicher, wie Gerd berichtet. Prognosen sind oft genug fehlerhaft, und jeder halbwegs erfahrene Mensch glaubt, was er sieht, und man sah aus großer Höhe etwa 200 Kilometer weit kaum ein Wölkchen. Es herrschte so ideales Wetter, wie schon lange nicht mehr.

Beim Beginn der Versicherungsarbeiten an der Rinne fiel das 200 bis 300 Meter lange Seil von der großen Spule und verwickelte sich zum berüchtigten Seilsalat. Der sonst so ruhige Günther war nervös und kam nun in Rage: »Reinhold macht immer, was er will. Hier arbeiten wir uns doch nur auf.«

Er versuchte Gerd zum gemeinsamen Aufstieg in Richtung Gipfel zu bewegen. Obwohl dieser aus gesundheitlichen wie prinzipiellen Gründen dieses nicht vereinbarte und überstürzte Vorhaben ablehnte und auch dem Gefährten davon abriet, war Günther nicht mehr zu halten.

»Du kommst doch wieder hierher zurück?«, fragte Gerd den Entschlossenen noch.

»Auf jeden Fall. Warte auf mich oder gib den anderen Bescheid, wenn sie heraufkommen.« Das waren Günthers letzte Worte.

Gerd erklärte ihm noch, dass er nach Lager IV absteigen werde, sobald die anderen, wie erwartet, nachkämen. Dann stieg Günther zügig in den teils sichtbaren Spuren Reinholds auf. Gerd beteuert, dass Günther fest davon überzeugt war, dass das gute Wetter Bestand habe und dem Plan gemäß Felix und

Werner Haim beim Versichern der Merklrinne

Peter zum Gipfelaufstieg kommen und die anderen zur Versicherung der Rinne nachrücken würden.

Es ist anzunehmen, dass Günther dem Bruder oben dann das Gleiche gesagt hat, und außerdem war dieser ja mit den Absprachen ebenso vertraut wie die anderen Expeditionsteilnehmer, obwohl er heute immer wieder behauptet, den eigentlichen Plan für schönes Wetter nicht gekannt zu haben. Dies aber widerspricht nicht nur jeder Vernunft, sondern auch seinen eigenen Beschreibungen.

In seinem Buch »Die rote Rakete« (von 1971) lässt Reinhold Günther nach dem Gipfel sagen: »Vielleicht können wir unten an der Scharte hineinqueren. Sonst müssen wir um ein Seil rufen. Die anderen werden die Rinne versichern.«

Warum aber behauptet Reinhold nun stets, von einer Versicherung der Rinne nichts gewusst zu haben? Nur deshalb, weil er damit den Abstieg zur anderen Seite als »Notlösung für Günther!« begründen will.

Zurück zum Aufstieg. Als er bemerkt, dass ihm Günther folgt, erschrickt Reinhold, »weil nun eine andere Situation für mich entstand«. Dieses Bekenntnis ist angesichts seiner spektakulären Idee nachvollziehbar. Für die Überschreitung war der Bruder nicht einkalkuliert und auch nicht vorbereitet.

Günther spurte dann für Reinhold zum Gipfel, weil dieser sich laut seinem Erstbericht schwach fühlte. Dies geht auch aus den letzten Fotos von Günther hervor, die Reinhold mit meiner Minox machte.

Was wäre geschehen, wenn Günther nicht nachgestiegen wäre? Dieses Gedankenspiel macht für die Beurteilung von Überlegungen und Vorgängen durchaus Sinn.

Reinhold hätte trotz seiner beschriebenen Schwäche den Gipfel natürlich auch allein erreicht. Der Rundumblick von dort musste in jedem Fall die letzten Zweifel hinsichtlich der Wetterlage zerstreuen. Also war klar, dass der vereinbarte Aufstieg zum Gipfel zumindest von Felix und Peter bevorstand und vielleicht sogar auch noch von anderen Teilnehmern, nachdem sie die schwierige Merklrinne versichert hatten. Ein solches Vorhaben war durchaus realistisch, und nur die Nachricht vom Fehlen der Messnerbrüder machte es zunichte.

Nehmen wir also an, Günther hätte mit Gerd begonnen, die Rinne zu versichern, anstatt nachzuklettern.

Wegen seines schlechten Befindens wäre Gerd wohl am Nachmittag zum Lager IV abgestiegen. Günther wäre, falls seine Kondition dafür ausgereicht hätte, mit den nachrückenden Felix und Peter vielleicht noch eine weitere Nacht in Lager V verblieben und hätte sich diesen gegebenenfalls frühmorgens zum Gipfelaufstieg anschließen können. Vielleicht hätte er auch der nun wiederum zur Merklrinne nachsteigenden Gruppe Saler, Mändl und Haim bei deren Versicherungsarbeit weiterhin mitgeholfen und so auch deren Option für den Gipfel nutzen können. Aber dies alles hätte eine abnorme Kraft und Ausdauer in dieser Höhe erfordert. Er hätte sich tatsächlich aufgearbeitet, wie er ja auch zu Recht vorhersah.

Für den jungen Günther waren in den Planungen nur mühevolle Hilfsaufgaben vorgesehen. Seine Rolle war eine eher undankbare.

Karl Herrligkoffer ging es bei seinen Überlegungen nur um den Expeditionserfolg an sich. Wer letztlich den Gipfel erreichen mochte, war für ihn eher zweitrangig. Als Organisator hätte er sich den Erfolg eines jeden Teilnehmers gutgeschrieben und sich in der damals von ihm beherrschten Heimatpresse feiern lassen, wie 1953 bei der Erstbesteigung durch Buhl. Auch der hatte ja zu Hause dann um eine für ihn zu-

Die letzten Fotos, die von Reinhold Messner beim Aufstieg zum Gipfel mit meiner Minox gemacht wurden:
Günther steigt voran (links oben) und geht dabei dem Bruder teilweise weit voraus (oben). Der Südsporn (links) liegt bereits unter ihnen.

friedenstellende Darstellung in der Öffentlichkeit kämpfen müssen.

Auch Reinhold hatte die Situation des jüngeren Bruders nicht bei seinen Zielvorstellungen berücksichtigt. Bei seinem Vorschlag an Karl, notfalls, also bei ungünstiger Wetterprognose, einen Alleingang durch die Merklrinne zu versuchen – »soweit ich komme« –, hatte er seinen bewährten Seilgefährten, Träger und Helfer nicht erwähnt. Warum nicht? Er wird seine ganz persönlichen Gründe gehabt haben.

Günther hatte die ganzen Wochen zuvor neben seinem Bruder Enormes geleistet, gespurt, gegraben, gekocht und mehr getragen als dieser, wie vielfach bezeugt, da sich Reinhold für den Gipfelsturm schonte, wo und wie nur immer möglich. Günther war ja durchaus bewusst, dass er quasi im zweiten Glied stand. Reinhold war für die Expedition als in Bergsteigerkreisen schon bekanntes »Kletterphänomen« angeworben worden. Günther stieß nachträglich als Ersatz für einen anderen und nur durch Fürsprache zum Team. Zudem war er in Gesprächen stets zurückhaltend und hatte für Konzeptdarstellungen keine Erfahrung. In den Planungsbesprechungen wurde er, wenn überhaupt, bestenfalls hinter Reinhold, Felix und Peter, der als Einziger zuvor schon in dieser Wand gewesen war, für ein Gipfelteam eingeteilt. Daran änderte auch sein aufopferungsvoller Einsatz als Träger beim Vordringen zur Höhe und beim Aufbau der Lager nichts. Fast möchte man sagen, im Gegenteil. Im Sinne des Expeditionserfolges rechnete sich der Leiter für den geschonten Star ganz einfach die besseren Chancen aus.

Natürlich wäre es grundsätzlich bei einer so schwierigen Gemeinschaftsaufgabe gerecht, den Erfolg der ganzen Mannschaft zuzusprechen, ohne deren Zusammenwirken er ja nicht erreicht werden konnte. Aber die Praxis zeigt immer wieder, dass bei jedem Mannschaftserfolg am Ende doch derjenige am meisten gefeiert wird, der den endgültigen letzten Tritt getan hat. Wer bei einem Fußballspiel das entscheidende Tor schießt, und sei es nur ein so genannter Abstauber, der wird letztlich namentlich herausgehoben, auch wenn er erst kurz zuvor eingewechselt wurde und die anderen sich abgerackert und ihm zugespielt haben. Es ist eben so.

In diesem Brüderteam war der ältere ohne Zweifel stets der Führende, der Bestimmende, der Wortführer, ganz gleich, wer gerade die Führungsrolle in der Seilschaft haben mochte, denn auch das bestimmte eben er.

Dass er dem Bruder zum Gipfel nachgestiegen ist, hat man Günther, bei aller gebotenen Pietät im Hinblick auf sein tragisches Schicksal, stets zum Nachteil ausgelegt. Im Interesse der bei derart risikoreichen gemeinsamen Zielsetzungen gebotenen Disziplin sollte man sich an Vereinbarungen halten. Das ist richtig, gilt jedoch für alle!

In gewisser Weise war nun tatsächlich durch die falsche Rakete eine Irritation entstanden. Der Alleingang Reinholds war ja *nur* für den Fall nahenden Schlechtwetters vorgesehen. Jetzt aber sahen alle den makellos blauen Himmel, und das führte selbstverständlich zu der allgemeinen Erkenntnis, dass der begonnene Ablauf so nicht richtig war, sondern der Hauptplan abrollen konnte.

Bei solch gutem Wetter war ja die Absprache eine andere gewesen, nämlich Versicherungsarbeit für beide Brüder Messner mit Gerd zusammen und Erstaufstieg zum Gipfel durch Peter und Felix, der dafür von Karl bereits den zu hissenden Wimpel erhalten hatte.

Ob sich Reinhold überhaupt daran halten wollte, bleibt unerforschlich, wenn auch Zweifel erlaubt sind. Jedenfalls aber legitimierte ihn die versehentlich abgeschossene rote Rake-

Gerhard Baur, der Bildberichterstatter unserer Expedition

te für den sofortigen Gipfelgang, auch wenn er den Irrtum alsbald erkannt haben musste. Im Sinne seiner Absichten konnte er damit nur zufrieden sein.

Nun war Günther plötzlich ohne seinen Bruder zu ruhmloser Schwerstarbeit abgestellt. Gerhard Baur war als Filmberichterstatter der Expedition im Grunde bereits befriedigend positioniert. Aber er? Der kleine Bruder des großen Reinhold hatte bisher alles mitgetragen, mitgekämpft, miterlitten. Seine gesamte beschriebene Problemlage, Aussichtslosigkeit und Unerheblichkeit wurde ihm jetzt bewusst.

»Reinhold macht immer, was er will. Hier arbeiten wir uns doch nur auf.« In diesem Ausruf drückt sich die ganze Verzweiflung über seine unbefriedigende Situation aus.

Man kann es ihm nachfühlen. Er musste ganz einfach dem Bruder nachsteigen, ihn vielleicht noch einholen und mit ihm den Gipfelerfolg teilen, wie er bisher alles mit ihm geteilt hatte und ihm behilflich gewesen war bis an diese Schwelle zum ganz großen Erlebnis.

An ein weiterführendes Konzept zur Überschreitung – er war schließlich mehrfach Zeuge von unmissverständlichen Erklärungen Reinholds zu diesem Thema gewesen – dachte er wohl bei seinem Entschluss nicht, davon bin ich überzeugt. Ebenso überzeugt bin ich aber auch, dass Reinhold die Überschreitung angesichts der objektiven Gutwetterlage in jedem Falle, ja ohne den Bruder mit noch viel größerer Wahrscheinlichkeit, gewagt hätte. Die unerwartete Gegenwart Günthers machte diese Zielsetzung eher problematisch, »weil nun eine andere Situation für mich entstand«, wie Reinhold ja einräumt.

Es scheint letztendlich am wahrscheinlichsten, dass Günther bei einem Verzicht auf ein Nachsteigen am Folgetag wohl abgearbeitet in ein Zwischenlager in der Rupalflanke hätte absteigen müssen. Felix und Peter wären zum Gipfel aufgestiegen, wie geplant und geschehen. Der Rufkontakt mit Reinhold hätte natürlich in diesem angenommenen Falle nicht stattgefunden, da dafür kein Grund bestanden hätte, denn zu diesem Zeitpunkt wäre dieser wohl schon tiefer im Diamirbereich unterwegs gewesen.

Wo immer sich Günther bei einer derart gedachten Konstellation gerade aufgehalten hätte – wenn ihm von Felix und Peter berichtet worden wäre, dass sie Reinhold im Gipfelbereich nicht begegnet wären, ja dass sie ihn nicht einmal gesehen hätten, er würde sich nur bedingt Sorgen um den Bruder gemacht haben, da er ja um dessen im kleinen Kreis geäußerte Absicht wusste, auf der anderen Seite des Nanga Parbat abzusteigen. Vielleicht hätte er mit Gerd und mir darüber gesprochen, vielleicht sogar mit Karl, um vorsorgliche Hilfsmaßnahmen für den Bruder im jenseitigen Tal in die Wege leiten zu lassen.

Jedenfalls aber hätte Günther sicher überlebt, und Reinhold hätte nach seiner Rückkunft keinen Grund gehabt, die schon im Vorfeld kalkulierte Überschreitung in Abrede zu stellen. Karl hätte seinen Ärger über die Eigenwilligkeit schlucken müssen und letztlich den ungetrübten Erfolg mitgetragen.

Man muss Reinhold grundsätzlich zugute halten, dass er sich den Ablauf wohl so vorgestellt hatte. Aber das Drama hat seine eigenen Gesetze und es läuft eben nicht ab, wie erwünscht, erhofft und erwartet.

Der Jüngere vollbrachte eine schier übermenschliche Anstrengung, um es dem Älteren im entscheidenden Moment gleichzutun, er verlor dabei sein junges Leben und stand weiterhin, auch noch im Tode, wie in schicksalhafter Konsequenz nur im Dienste des Erfolges für den großen Bruder, der den kleineren nach eigener Aussage noch heute stets um sich zu sehen glaubt – eine Seilschaft für die Ewigkeit und ein fast archaisch anmutendes Beispiel für die Verkettung zweier Schicksale.

WENN GÜNTHER DEN ABSTIEG ÜBERLEBT HÄTTE?

Diese Frage entspricht einer damals enttäuschten Hoffnung. Meine Tagebuchnotizen während der Expedition, die ich über 30 Jahre später teilweise mühsam entziffern und zusammenstellen und aus der Erinnerung ergänzen musste, weil ich sie häufig bei ungünstigen Gegebenheiten sogar auf Klopapier gekritzelt hatte, enthielten meine Vorstellungen und Gefühle, die sich aus der Besorgnis erregenden Nachricht vom Verschwinden der Messnerbrüder am Berg ergaben.
Es muss angemerkt werden, dass der von mir lange vermisste und gut erhaltene Teil meiner Notizen, den ich auf der Heimreise in einem Hotel schrieb, sich schließlich in einer alten Zeitung wiederfand, als ich das Buch »Die Überschreitung« schon fast fertiggestellt hatte. Diese Aufzeichnung bezieht sich hauptsächlich auf das Wiedersehen mit Reinhold in Gilgit. Ich habe dieses Papier dem Gericht in Hamburg übergeben, weil Reinhold unterstellt hat, es sei eine »Fälschung«.
Hier einige Auszüge aus den Notizen vom Nanga Parbat nach dem Verschwinden der Brüder Messner, die im Buch »Die Überschreitung« vollständig abgedruckt sind:

Montag, 29. Juni.
Lager II. Am Abend höre ich über Teleport die erste Meldung von Felix nach seinem Gipfelerfolg mit Peter aus Lager IV an Karl im Basislager.

Zuerst erzählt Felix vom Gipfel, dann schildert er in ruckartig hervorgebrachten Worten sehr erregt einen Rufkontakt mit Reinhold am gestrigen Vormittag oberhalb der Merkl-Rinne in etwa 7800 Meter.

Einerseits seien die Brüder wohl in guter Verfassung. »Alles sei in Ordnung«, habe ihm Reinhold zu verstehen gegeben. Sie befänden sich jedoch in einem anderen Bereich, und Reinhold habe gerufen, er steige jenseits ab und käme schon wieder ins Basislager. Karl ist darüber sehr besorgt und auch verärgert …

Danach meldet sich Hans Saler ebenfalls aus Lager IV und bittet Karl um die Erlaubnis, mit Gert Mändl nun auch den Gipfelaufstieg zu versuchen. Nervös lehnt Karl dies ab und wünscht den sofortigen Abstieg aller …

… Die Rückkunft der Brüder auf unsere Seite ist immer noch eine Möglichkeit, eine Hoffnung. Mändl und Saler bleiben weit oben und steigen sogar nochmals in die Merkl-Rinne, halten Ausschau und rufen …

Felix' Darstellungen über die Brüder bringen mich in große Aufregung. Ich verstehe den Zusammenhang mit Günther nicht. Will Reinhold seinen Traum von der Übersteigung nun doch wahr machen? Wieso mit Günther? Reinhold ist jetzt wenigstens nicht allein, denke ich.

Zu meiner Beruhigung fällt mir wieder alles ein, was Reinhold mit einem Bild von der Diamir-Flanke damals im Zelt gesagt hat. Er hatte damals mit Eifer und Leidenschaft von der Idee einer erstmaligen Überschreitung des Nanga Parbat gesprochen. Er sagte, dass dies möglich sein müsse und sich doch eine einmalig günstige Situation ergeben könnte, dies zu riskieren; mit größter Konzentration und geringstem Gepäck; gefahrvolle Zonen durch Schnelligkeit überwindend. Man wäre der Größte, wenn man das schafft. Die Leistung Buhls wäre gar noch übertroffen. Günther hockte daneben, hörte zu, hielt sich heraus, sagte nichts.

Es gab noch mindestens ein zwei-
tes Gespräch dieser Art. Ich glau-
be, ich bin der Einzige außer
Günther, der diese Schwärmerei
kennt. [Inzwischen erfuhr ich
von Gerhard und Jürgen, dass
Reinhold auch ihnen sein Vorhaben deutlich erklärt hatte.
Anm. d. Autors]
Ich habe ja Reinhold meine Mi-
nikamera geliehen, die Minox.

Unmittelbar nach der Gipfelbesteigung
berichtet Felix über Teleport an den
Expeditionsleiter.

Kleinste Ausrüstung! Alles logisch durchdacht für eine eventuelle
Überschreitung.
Aber warum waren die beiden am Tag nach dem Aufstieg zum
Gipfel immer noch in dieser gefährlichen Region? Schnelligkeit bei
geringstem Gepäck war doch das angesagte Prinzip Reinholds für
das Überleben bei einem solchen Unternehmen …
… Kann man überhaupt etwas Sinnvolles tun? Die Brüder stei-
gen doch drüben ab … Was haben wir da für Möglichkeiten und
zu spät ist es allemal.
Die müssen inzwischen doch längst irgendwo tief unten sein.
Gott sei Dank ist das Wetter gut geblieben. Das hat Reinhold na-
türlich klar erkannt und gemerkt, dass das rote Signal vom Ba-
sislager ein Irrtum gewesen sein muss.
Oder ist doch etwas passiert? Ganz wohl ist mir nicht, haupt-
sächlich weil Günther nun dabei ist. Der ist noch so jung und hat-
te sich so abgerackert. Warum nur waren die gestern immer noch
da oben in der Todeszone?

Dienstag, 30. Juni.
Felix und Peter werden jetzt absteigen. Ich muss hinunter und De-
tails hören über die Vorgänge um den Gipfel. Vielleicht sollte man

etwas vom Basislager aus unternehmen. Allerdings kenne ich vom Anmarsch her das Gelände um das kolossale Massiv herum genug, um zu wissen, dass solch eine Unternehmung vor allem zeitraubend ist. Drei Tage mindestens, eher länger, bis zur anderen Seite. Außerdem gilt für uns die militärische Sperrzone. Da ist man schneller im Knast als in einem anderen Tal. Die andere Seite des Berges gehört, so glaube ich, sogar zu einem anderen Distrikt. Ich muss mit Captain Saqi reden.

Ein Träger in Lager II ist höhenkrank geworden. Elmar und ich bringen ihn ins Lager I hinunter, wo sich seine Kollegen weiter um ihn kümmern. Schnee und Eis sind wieder einmal von der Sonne aufgeweicht und man hört die Eis- und Steinschläge aus allen Richtungen.

Wie gewohnt mir das alles geworden ist. Der Abstieg von Lager I ins Rupal-Tal ist mir inzwischen völlig vertraut. Jeden Tritt kenne ich auswendig.

Die Träger empfangen mich mit großer Herzlichkeit. Ich gehe zu Karl, der mich mit freundlicher, aber sorgenvoller Miene begrüßt und gegen seine Gewohnheit zu einem Rundgang-Gespräch bittet … Er fragt mich nach meiner Meinung zum Verschwinden der Brüder. Ich habe glücklicherweise schon beim Abstieg an die naheliegenden Fragen Karls gedacht und bin also vorbereitet.

Einerseits, so überlegte ich, ist es meine Pflicht, Karl von Reinholds Überlegungen des Diamirabstiegs zu berichten. Ich bin dann auch nahe daran, weil er immer wieder vom Kinshofer-Weg spricht, vom Westsattel. Wie soll der denn richtig reagieren, wenn er den Plan nicht kennt?

Andererseits würde er sich fürchterlich darüber ärgern, dass man ihm das erst jetzt mitteilt und überhaupt in Erwägung gezogen hat, ihm und dem Team mit so einer Wahnsinnsidee in den Rücken zu fallen und damit Risiken für alle heraufzubeschwören. Vor allem Reinhold würde ein erkennbarer Vorsatz nie verziehen

90

*werden, Karl wird das in der Heimatpresse breit treten, denke ich
immer wieder, und sage nichts.*

Danach spreche ich mit dem Captain.

*Als wir von den Brüdern reden, steht ihm das Wasser in den Augen. Er berichtet mir davon, dass er in Absprache mit dem Leader
einen Boten losgeschickt habe, um in Astor den Distrikt-Leiter zu
verständigen, damit dieser den Polizeiinspektor in Chilas telefonisch informieren könne, um über das jenseitige Bunar-Tal in den
dortigen Bereichen suchen zu lassen. Das sei das schnellste, ja,
das einzige, was man tun könne. Sein Bote habe zudem ein Pferd
und sei wohl in kurzer Zeit nach Astor gekommen.*

*Ich merke an seiner Art, dass er dem Unternehmen trotz engagierter
Bemühungen wenig Chance gibt, weil er nicht zu glauben scheint,
dass die Brüder dort drüben noch leben können …*

*Als Felix ausgemergelt mit sorgenvollen Augen, die pakistanische
Flagge und seinen Tiroler Wimpel am Stock, erscheint, nimmt ihn
Karl sofort zur Seite, um mit ihm allein zu sprechen.*

*Ich würde es lieber sehen, wenn er ihn vor allen, die schon unten
waren, erzählen ließe, aber Karl denkt immer daran, wie er selbst
dann später in der Presse aussieht. Schließlich hat er das falsche
Wettersignal ins höchste Lager vermittelt. Wir alle wissen das. Es
muss ihn wurmen.*

Von den Strapazen gezeichnet: der stets fröhliche Peter (links) und der schweigsame
Felix (rechts) nach dem Gipfelerfolg und dem langen Warten auf die Messnerbrüder

Andererseits hat die Rakete Reinhold – und indirekt dann auch Günther – den Start zum Gipfel freigegeben. Und das Wetter blieb ja stabil, entsprechend der wirklichen Prognose. Eigentlich positiv. Umgekehrt wäre es eine Katastrophe, nämlich bei schlechtem Wetter gut zu signalisieren.

Ich spreche sodann mit Peter, der wie immer einen frischen und ausgeglichenen Ausdruck hat und dem man die Strapazen am wenigsten ansieht. Peter übergibt mir einen Stein aus der Gipfelregion, den er mir mitgebracht hat, und wir gehen ein Stück aus dem Lager. Er erzählt, sie hätten beim Aufstieg zuerst wiederholt Rufe von oben gehört, aber nicht verstanden.

Dann von der Sichtbegegnung mit Reinhold: Er habe meist nur Felix deutlich gehört, der um etwa 40 Meter günstiger zur Scharte stand, auf der er Reinhold sah, und diesen zwar an der Stimme erkannt, Einzelheiten jedoch nicht immer verstehen können.

Felix habe zuerst nach oben gefragt, ob die Brüder auf dem Gipfel waren. Danach habe Reinhold etwas über den Aufstieg gerufen, was Peter nicht gut verstand. Schließlich habe Felix gefragt: »Ist alles in Ordnung?« Darauf Reinhold: »Ja, alles in Ordnung!« Das hat auch Peter deutlich verstanden. Felix rief dann nach einer weiteren Mitteilung Reinholds noch: »Das würd' ich an einem so großen Berg nicht machen.« und sah noch einmal nach oben, wo niemand mehr stand. Dann seien sie weiter gegangen.

An dem Platz, an welchem sie kurz darauf rasteten, habe ihm Felix dann ganz entsetzt erzählt, dass Reinhold ihm mitgeteilt habe, auf der anderen Seite absteigen zu wollen, »er käme dann schon wieder ins Basislager« …

Er, Peter, habe nur gedacht, warum Reinhold denn dort drüben an der Scharte stand und die beiden ihnen nicht auf gleicher Spur begegneten. Reinhold habe, so Felix, den Aufstieg links um die Südschulter empfohlen, den sie dann auch gestiegen seien …

Ich äußere meine Gedanken, dass die beiden doch noch irgendwie herunterkommen könnten, aber Peter sagt nur traurig: »Max, mach da koane zu großn Hoffnungen, die müaßdn doch scho lang do sein.« ...

Mit Ferngläsern lässt Karl dauernd die Bereiche oben beobachten, wo er für denkbar hält, dass die Brüder doch noch zu uns absteigen könnten. Immer noch hat er den Westsattel, den Kinshofer-Weg, im Kopf.

Ich weiß, dass dies nicht sein kann, und habe deshalb ein ungutes Gefühl, Karl von dem vorgefassten Plan Reinholds, gegebenenfalls drüben abzusteigen, nichts gesagt zu haben. Dass der Captain für das jenseitige Tal das Mögliche veranlasst hat, beruhigt mich andererseits wieder. Nichts anderes, was Sinn machen könnte, ist zu unternehmen.

Ich habe die feste Überzeugung, dass Reinhold weiß, was er tut, und dass die beiden wiederkommen. Er wird der ungehorsame Held sein wie 1953 Hermann Buhl, der doch sein Vorbild ist, und mit dem Bruder und einer bestandenen Leistung zurückkehren, allen Widrigkeiten zum Trotz.

Meine Empfindungen, meine tiefen Freundschafts-Gefühle sind nun einmal bei den Brüdern, die mir so ans Herz gewachsen sind. Meine Loyalität zu Karl, dem ich meine Teilnahme hier verdanke und dem ich mich, trotz mancher Enttäuschung, verpflichtet fühle, steht nun einfach an zweiter Stelle.

Aber warum müssen die Kameraden hier nun der beiden wegen leiden? Wenn oben gar noch aus Unwissenheit sinnwidrige Bemühungen gestartet würden, um die Brüder an falschem Ort zu suchen, dann müsste ich offen reden, bevor dabei vielleicht noch jemand zu Schaden oder gar zu Tode käme. Sonst hätte ich mir entsetzliche Vorwürfe zu machen, nichts von Reinholds Vorhaben offenbart zu haben. Mit dem Hinweis, wieder ins Basislager zu kommen, hat Reinhold zudem eine verwirrende Fährte gelegt. Mein Pflichtgefühl ist jedenfalls gespalten ...

Mittwoch, 1. Juli.
Einer nach dem anderen kommt nun abgekämpft und mit zwie-
spältigen Gefühlen aus der Wand zum Hauptlager. Als letzte er-
scheinen heute Nachmittag Hans Saler und Gert Mändl, der wegen
Sturzes in eine Spalte eine blutig enthäutete Nase hat.
Die Träger empfangen die Rückkehrenden jeweils mit Respekt und
anerkennenden Gesten. Zu Recht, denn die Leistungen aller wa-
ren bewunderungswürdig …

Donnerstag, 2. Juli.
… Neben meinen Sachen packe ich auch Reinholds und Günthers
persönliche Dinge zusammen …
Abends werden alle Fremden von unseren vertrauten »Tigern« ab-
gedrängt und ziehen sich ins Unsichtbare zurück. Letzte Nacht.
Ich schreibe noch meine Gedanken auf, die bei den vermissten Brü-
dern sind, und bete um sie …

Freitag, 3. Juli.
… Ich sehe noch einmal empor zu dem gewaltigsten aller Berge,
folge noch einmal mit den Augen den schroffen Linien dieser un-
vergleichlichen und höchsten Wandflucht der Erde. Nochmals bli-
cke ich zurück zu dem ein gutes Stück südwestlich liegenden Berg,

den ich mit den Brüdern vor
zwei Wochen bestiegen habe,
die Erstbesteigung eines Sechs-
tausenders für jeden von uns
Dreien …
Zwei Freunde habe ich gewon-
nen – und – vielleicht wieder
verloren. Ich bin immer noch in
der festen Erwartung, dass sie
wiederkommen …

Besorgte Blicke auf die Wand. Der Autor
zwischen Hoffen und Bangen

Nach seinem Sturz in eine Spalte kommt Gert Mändl mit blutig abgeschürfter Nase, aber ansonsten unverletzt aus der Wand zurück.

… Wenn von uns aus irgendein Einfluss, irgendeine Hilfe für die Brüder möglich sein sollte, dann nur von der drüberen Seite, von Gilgit aus. Von hier besteht keine Möglichkeit, etwas zu tun, da sind wir uns alle einig …
Meine Gedanken beim Gang über abwechselndes Gelände, Geröll, Gletscherränder, Moränen und Wiesen sind bei den Brüdern, die mir so ans Herz gewachsen sind. Die müssen drüben längst im Tal angekommen sein, Einheimische treffen, Hirten, Bauern, der veranlasste Suchtrupp. Die beiden werden drüben im Tal sicher nicht verhungern …

… Wir erreichen Bunji und queren den Indus in Richtung Gilgit. Inzwischen ist es stockdunkel. Der Wind wird stärker und bläst uns Sand ins Gesicht. Plötzlich sehen wir Leute auf der Straße. Lampen blitzen auf. Wir halten. Es wird gestikuliert. Sie sprechen auf den Fahrer ein. Einer unserer Tiger kommt von einem anderen Jeep gelaufen und ruft: »Messner Sahib here, with doctor in Jeep to Gilgit.« Er lacht und winkt immer mit beiden Armen auf und ab vor Freude.

Plötzliche Hochstimmung bei uns allen.

Wunderbar, sie sind also da, natürlich, Gott sei Dank, welche Leistung, großartig.

Neben mir sagt einer, er habe nur über Reinhold sprechen hören. Der Wind ist zum Sturm geworden. Sandwolken stieben von der Straße hoch, man versteht kaum etwas und die Lampen sind nicht klar zu erkennen. Stimmengewirr.

Eines ist klar, sie sind mit Karl voraus gefahren. Der Sandsturm wird unerträglich. Ich presse mein Taschentuch aufs Gesicht, um nicht bei jedem Atemzug Staub in den Hals zu bekommen. Die Augen brennen. Kein Problem, die Brüder sind wieder da, sie leben, sind wohl gesund, in ein, zwei Stunden müssen wir in Gilgit sein.

Der Sturm legt sich etwas. Immer wieder hat der Fahrer Angst um sein Benzin, ob es reicht. Es muss. Vorwärts.

Kurz vor Gilgit, man erkennt im Scheinwerferlicht schon Gebäude, hält vor uns ein Jeep. Wieder stehen Leute herum. Straßenbeleuchtung.

Da sind sie.

Wir springen ab, ich renne vor und erkenne hinten auf dem Jeep vor mir Reinhold.

Er sieht mich, halb scheint er mir vom Wagen herab entgegen zu fallen.

Wir umarmen uns.

Reinhold Messner und Max von Kienlin 1970

Er schaut mich mit weit aufgerissenen Augen an, scheint zu schluchzen und schreit mir entgegen: »Wo ist Günther?«
Ich bin entsetzt, presse ihn an mich, wie? Günther ist nicht dabei? Ich bringe keine Frage heraus.
Reinhold ruft noch einmal: »Wo ist Günther?«
Ich sehe mich um. Die Kameraden stehen wie angewurzelt da, schauen sich gegenseitig und mich an. Kein Wort. Wo ist Günther, wenn nicht bei Reinhold? ...

Samstag, 4. Juli. [hierbei handelt es sich um die Notizen, die ich auf der Heimfahrt in einem Hotel schrieb.]
Morgens erhalten wir Zimmer in dem Gästehaus, welches wir schon kennen. Das ist ordentlich möbliert und es gibt endlich Waschgelegenheit. Reinhold und ich haben die Zimmer nebeneinander, wie schon auf der Herreise. Günthers Koffer wird hereingebracht ...

97

»Reinhold, du musst ins Krankenhaus!«

»Ja, hoffentlich fliegen wir bald, ich möchte nach Innsbruck.«

Er zieht die Luft zwischen den Zähnen ein, wenn er die Füße ansieht. Es ist weniger der Schmerz als die Sorge, wie das weitergeht. Das ganz gefühlvolle Klettern wird wohl leiden.

»Max, ich habe Günther verloren«, jammert er.

»Wie war das nur möglich?«

»Schrecklich, ich weiß nicht, ich weiß es nicht, mein Gott, das hab ich nicht gewollt.«

Er gerät außer sich, fängt an zu weinen wie ein Kind. Ich lasse ihm Zeit. Er erholt sich wieder.

Karl kommt und versorgt die Verletzungen, gibt ihm Injektionen. Alice assistiert, bringt eine Schüssel mit Kochsalzlösung, worin die Füße zu baden sind.

»Reinhold, wir müssen miteinander reden«, sagt Karl ruhig und bestimmt, »ich habe mich um einen baldigen Flug nach Rawalpindi gekümmert.«

Reinhold sieht ihn dankbar an. Als Karl gegangen ist, meint Reinhold: »Karl ist so nett, ganz anders als vorher.«

»Karl ist Arzt, er tut seine Pflicht«, denke ich, »aber was sind seine Gedanken? Weiß Reinhold, was er sagt, was er tut, wie das alles sich entwickelt?« Ich denke an seine Eltern, sie werden Fragen stellen, aber ich wage noch nicht, Reinhold dieses Problem vor Augen zu führen.

»Hast du Fotos gemacht?«

»Ja, aber deine kleine Kamera hat oben nicht mehr funktioniert. Vielleicht vereist. Mit unserem großen Apparat haben wir viel fotografiert. Den hat Günther …«

Er stockt verlegen und deutet auf meine Minox, die da liegt: »Max, hier deine Kamera. Es ist das einzige, was die mir gelassen haben. Ich hab sie immer versteckt, sie geht wieder.«

Mein Gott, an was er alles gedacht hat, bewundere ich.

»Du warst auf dem Gipfel?«
»Ja, mit Günther, er ist mir nachgeklettert, unglaublich schnell,
ich habe kaum auf ihn warten müssen.«
»Und dann?«
Reinhold denkt nach, versucht sich zu konzentrieren.
Er sitzt erneut schweigend, badet seine Füße, sieht unglücklich aus.
»Mein armer Freund«, denke ich, »was hast du durchgemacht«.
»Reinhold, am nächsten Morgen hast du mit Felix gerufen, von
der Scharte aus, als er mit Peter aufstieg. Warum wart ihr noch
dort? …«

Reinhold bestreitet, dass dieses Gespräch so stattgefunden habe, wie ich es notiert hatte, sagt aber nicht, in welcher Form
es denn dann stattgefunden haben soll. Bei einer Buchvorstellung in Köln sagt er deutlich, dass er mit mir, ja nur mit
mir sich ausgesprochen habe, aber nicht, was er mir gesagt
haben will. Ich weiß noch genau, dass wir über seinen Abstieg und über Günthers Tod sprachen. Worüber sonst? Mein
Gedächtnis ist ausgezeichnet, und diese Vorgänge haben sich
mir damals bis ins Detail tief eingeprägt.

Messner hat inzwischen eidesstattlich versichert, dass er nie
gesagt habe, Günther und er selbst hätten damit gerechnet,
dass einige der Expeditionsteilnehmer die Merklrinne versichern würden. Dazu zitiere ich nochmals wörtlich in Bezug
auf die Entscheidungssituation nach dem Gipfel aus Messners Buch »Die rote Rakete am Nanga Parbat« auf Seite 118:
»Günther: ›Vielleicht können wir unten an der Scharte hineinqueren. Sonst müssen wir um ein Seil rufen. Die anderen
werden die Rinne versichern.‹«

Na also! Und Reinhold, der Autor dieses Satzes, will dies nicht
gewusst haben, wie er eidesstattlich versichert? Günther und
er hatten selbstverständlich genaue Kenntnis von den ver-
einbarten Abläufen. Dies als einer der wichtigsten Mitakteu-

re zu bestreiten, ist geradezu absurd. Reinhold selbst hatte den Hauptplan mit Herrligkoffer zuvor in wesentlichen Punkten mitbestimmt und diesen am 26. Juni, also einen Tag vor seinem Aufbruch zum Gipfel, über Teleport von Lager IV aus nochmals mit dem Leader im Basislager genau erörtert, wobei ich in Lager II und Hermann Kühn in Lager III mithörten. Der letztgenannte Zeuge lebt nun leider nicht mehr.

In einer anderen Eidesstattlichen Versicherung beschreibt Reinhold sogar diesen eigentlichen Plan für gutes Wetter, der auch völlig logisch war und den vorhergegangenen Plänen ziemlich genau entsprach. Jeder kannte ihn doch!

Weiter aus meinen Notizen vom Nanga Parbat:

… »Wo ist Günther denn geblieben?«, frage ich.

Er hält die Hände vors Gesicht.

Ich mache mir Sorgen. Es gibt etwas, was er nicht gänzlich herausbringt, was ihn furchtbar quält.

Was geschehen ist, ist geschehen, aber was bevorsteht, ist noch zu steuern, denke ich.

»Was willst Du Karl erzählen? Reinhold, Karl versorgt dich jetzt gut, wie es sich gehört, das macht dich ihm jetzt geneigt; aber er braucht einen klaren Bericht für die ›Bunte‹.«

Nach kurzer Pause sage ich eindringlich: »Er wird dir deine Idee, nach der anderen Seite, nach Diamir, abzusteigen, übelst auslegen. Er wird dir alle Schuld geben. Denk an die Differenzen damals mit Buhl. Und dabei war niemand umgekommen.«

Reinhold wirkt plötzlich wie gestrafft. Mit klarem Blick sieht er mich an.

Ich nutze diesen der Realität zugewandten Zustand.

»Reinhold, du musst jetzt an deine Zukunft denken. Du hast eine großartige Leistung vollbracht, du wirst berühmt, mindestens wie Buhl oder Hillary, aber du darfst keine Fehler machen. Du musst genau überlegen, was du Karl erzählst. Niemand wird das

nachprüfen wollen, was doch nach allgemeiner Sicht nur du wissen kannst, aber sämtliche Fakten müssen zusammenpassen.«

Reinhold starrt vor sich hin, denkt scharf nach, sagt nichts.

»Du musst auch an deine Eltern denken. Was willst du denen sagen?«

Er hält wieder die Hände vors Gesicht, bleibt aber ruhig.

»Natürlich hast du aus Erfahrung bald klar erkannt, dass das Wetter halten musste und die Rakete ein Irrtum war«, sage ich.

»Die Rakete?«

»Ja, das Leuchtsignal vom Basislager bei Eurem Aufstieg zu Lager V. Das war doch der Hinweis für deinen Aufstieg.«

»Ja, ja, natürlich, das hab ich ganz vergessen.«

»Um sieben Uhr abends haben wir in den Hochlagern die Vorhersage von Radio Peschawar gehört: ›Weather fair!‹, hieß es da. Wir haben selbstverständlich deshalb um acht eine blaue Rakete erwartet. Dann hättet ihr nach der Abmachung mit Karl ja wohl in der Merkl-Rinne versichern müssen. Ihr hättet auf die anderen gewartet.«

Reinhold denkt nach …

… Als wir wieder allein sind, sage ich nochmals: »Reinhold, denk daran, du darfst Karl nichts erzählen, was dich belasten könnte. Alles muss stimmig sein. Deine Idee, drüben abzusteigen, darf er nicht wissen, sonst macht er dich fertig. Günther kannst du jetzt nicht mehr helfen, aber für dich, für deine Zukunft, für deine Eltern musst du eine klare Linie haben, die vertretbar ist.«

Reinhold nickt …

… Zurückgekommen sehe ich Reinhold auf der Terrasse des Gasthauses sitzen.

Eben hat ihn Karl verlassen.

Reinhold macht einen zufriedenen Eindruck. Erstmals scheint er seine Fassung und sein Selbstbewusstsein wiedererlangt zu haben. Da dauernd jemand in der Nähe ist, können wir nicht offen re-

*den. Auch scheint Reinhold nun müde zu sein und deutet nur an,
er werde mir alles später erzählen. Er nickt beruhigend und schließt
die Augen, als er meinen besorgt fragenden Ausdruck sieht.*

Sonntag, 5. Juli
*… Reinhold erzählt mir abends, er habe den Verdacht, dass Karl
keine loyalen Absichten in sich trage. Er habe Karl erzählt, dass
Günther bis zum Wandfuß der Diamir-Flanke mit ihm abgestiegen und dort unter eine Lawine geraten sei. Da er diesen letzten
Hergang nicht darstellen könne, habe er beschrieben, dass er Günther vorausgegangen sei und danach lange nach ihm gesucht habe. Karl habe alles mit Interesse zur Kenntnis genommen und sich
Notizen gemacht, jedoch misstrauische Fragen gestellt. Karl ver-
lange nun einen längeren schriftlichen Bericht von ihm, wozu er
laut Expeditionsvertrag verpflichtet sei.*
*»Bevor Karl an die Presse geht, muss ich unbedingt schon von Inns-
bruck aus etwas unternehmen, um ihm zuvorzukommen«, sagt
er.*
*Seine Bitte, ihn direkt dorthin zu begleiten, muss ich ablehnen.
Zuerst zu meiner Familie, das ist doch verständlich. Ich verspre-
che aber, ihn umgehend dort zu besuchen …*

Was wäre nun gewesen, wenn auch Günther die Überschreitung mit Reinhold überlebt hätte und zurückgekommen wäre?
Nach Reinholds Darstellung hätte dies ja nahe gelegen, da
doch nur ein zusätzliches und zufälliges Naturereignis, die
Lawine, den schon im Tal Befindlichen getötet habe.
Wären beide weitgehend unbeschadet zurückgekommen,
hätte sich wohl alles zum Besten entwickelt.
Auch in diesem Fall hätte er keinen Grund gehabt, sein Vorhaben der Überschreitung in Abrede zu stellen. Wozu?

Großartig geplant, wenn auch eigenwillig vor dem Leader verheimlicht, und gut durchgeführt. Zwar Sorgen bereitet und gewisse Risiken anderer in Kauf genommen, aber trotzdem: Respekt vor der Leistung.

Karl hätte zwar geschluckt, den Gesamterfolg aber dann auch für sich in Anspruch genommen und entsprechend veröffentlicht. Ein schöner Bericht in der »Bunten« wäre erschienen, und vielleicht hätte es bei ein paar speziellen Bergpublikationen ein wenig Ärger à la Buhl gegeben. Sonst nichts Besonderes. Kein Drama, keine außerordentliche Berühmtheit. Die Brüder Messner hätten wahrscheinlich noch weitere Expeditionen unternommen, wie andere auch, sie wären in der alpinen Fachpresse besprochen worden, wie andere auch.

Nur der Tod rüttelt die Menschen wirklich auf und sorgt für Schlagzeilen. Und wenn dieser Tod zudem umstritten ist, so kann er die Hauptfigur einerseits übermotivieren, aber im Falle verdrängter Selbstvorwürfe auch gleichzeitig verhärten und zu negativen Grenzüberschreitungen führen.

IM TODE EINSAM

Ich habe geschildert, dass ich mich wegen des Hinweises von Karl, meine zusätzliche Zahlung habe die Teilnahme Günthers an der Expedition ermöglicht, für ihn verantwortlich fühlte und mich auch schon deshalb danach für Reinhold besonders einsetzte. Auf Grund der schwer wiegenden Beschuldigungen Reinholds gegenüber seinen stets schweigsam gebliebenen Kameraden hat sich dies nun leider gewendet. Zudem hat Günther nun im Nachhinein auch ein Recht auf Wahrheit in Bezug auf die veröffentlichten Ereignisse um seinen Tod.

Der Umgang mit den zeitlich und örtlich unterschiedlich aufgefundenen Gebeinen im Diamirtal, das theatralische Spektakel um die Verbrennung der ohne Kopf entdeckten menschlichen Überreste, die unglaubwürdigen Interpretationen seines letzten Tages, seiner letzten Stunden durch seinen Bruder, dies alles verpflichtet zur Bemühung um Aufklärung und – soweit möglich – zur Richtigstellung und somit zwangsläufig zu gelegentlicher Konfrontation, vor allem wegen der falschen Schuldzuweisungen Reinholds.

Über einen Vorgang gibt es jedoch keinen Zweifel und keine Widersprüche. Wo und wie auch immer, Günther starb in jedem Falle allein, in völliger Einsamkeit. Der große Bruder war nicht in seiner Nähe, ganz gleich wie der Tod auch gekommen sein mag. Unterkühlung, Höhenödem, Übermüdung, das Zusammenwirken mehrerer Ursachen, Absturz, Steinschlag oder vielleicht wirklich eine Lawine, die ihn ja in unterschiedlichen Höhen hat treffen können.

Nach der Beschreibung Reinholds war Günther nach dem Gipfelsturm bereits höhenkrank. Er phantasierte, sah Dinge, die nicht da waren, und hatte sich ohne Zweifel schon im allzu schnellen Anstieg durch die Merklrinne in dem Bestreben, den Bruder noch vor dem Gipfel einzuholen, und auch danach im Vorausspuren verausgabt.

Er hatte keine Höhenerfahrung, wusste nicht, wie sein Körper in diesen Bereichen reagieren würde. Durch die wochenlange Arbeit in der Rupalwand mit mehrmaligem Auf- und Abstieg bis zum Basislager in etwa 3600 Metern Höhe und dann wieder bis 5000, 6000, 7000 Meter hinauf mit Zwischenstationen, daneben unsere im Gewaltmarsch durchgeführte Erstbesteigung des Sechstausenders, all das hatte zwar eine gute bis sehr gute Höhenanpassung erbracht, mehr rote Blutkörper gebildet, die Zellen flexibel für die unterschiedlichen Druckverhältnisse eingestellt. Aber die häufige Schinderei, die stets mangelhafte Ernährung in der Steilwand und der dauernde extreme Temperaturwechsel, wobei oft die Hitze des Tages noch schwerer zu ertragen ist als die Kälte der Nacht, dies alles hatte gezehrt und vielleicht auch schon Reserven angegriffen.

Zum extremen Höhenbergsteigen muss ein Mensch seine körperliche Entwicklung vollständig abgeschlossen haben. Es geht dabei weniger um explosiven Krafteinsatz und spontane Schnelligkeit, sondern mehr um lang trainierte Zähigkeit und Erfahrung beim Einteilen der Kräfte. Mitte oder Ende Dreißig hat man zwar keine Chance mehr, Olympiasieger im Hundertmeterlauf zu werden, aber wer im Alter von um die zwanzig Jahren auf einer Kurzstrecke die Goldmedaille holt,

würde wohl im Marathon-
lauf scheitern und dem Reiferen den Sieg überlassen
müssen.

Die Bewältigung schwerer
Routen in großen Höhen ist
der Langstrecke im Flachland
durchaus vergleichbar. Man
muss dabei Kraft und Aus-
dauer seines Körpers gut ein-
schätzen, dessen Signale
richtig deuten, das Maß seiner Leistungsfähigkeit und
seine Grenzen genau ken-

Günther am Nanga Parbat

nen. Oft kann man bei großen Wettkämpfen im Langstre-
ckenlauf mitverfolgen, wie ein im Übereifer Vorauseilender
plötzlich nachlässt und den besonnenen und erfahrenen
Routinier vorbeiziehen lassen muss.

Dazu kommt im Hochgebirge ein zunehmender Sauerstoff-
mangel im Blut als Folge des niederen Luftdrucks und mit-
hin der geringeren Sauerstoffspannung der eingeatmeten
Luft. Atem- und Pulsfrequenz erhöhen sich selbst schon im
Ruhezustand. Darmgase dehnen sich aus und drängen das
Zwerchfell nach oben, wodurch Atmung und Kreislauf zusätzlich behindert werden.

Diese und noch eine Vielzahl möglicher sich addierender Be-
schwerden zeigen bei jedem Menschen zwar unterschiedlich
starke Wirkung, treten aber erfahrungsgemäß bei Jüngeren
früher auf.

Unser jüngster Teilnehmer, Peter Vogler, ein stämmiger Bur-
sche, aber eben erst 22 Jahre alt, musste eiligst mit vereinten
Kräften von Lager III ins Basislager abtransportiert werden,

107

da schlagartig alle seine Körperfunktionen zusammenbrachen und er dringend mehr Sauerstoff brauchte und ärztlicher Hilfe bedurfte.

Wir alle waren nach den Wochen dauernder Auf- und Abstiege zwar gut akklimatisiert, aber die Belastbarkeit verändert sich durch anhaltenden Durst, ungewohnte, schwer verträgliche Nahrung und allgemeinen Kräfteverschleiß mit zunehmender Höhe auf eine Weise, die zu kontrollieren einige Erfahrung voraussetzt.

Günther war gerade 24 geworden. Wegen seines erbetenen späten Einstiegs in das Team fühlte er sich in besonderer Weise verpflichtet, sich zu bewähren, und so hatte er, wie schon beschrieben, keine Mühe gescheut, besonders seinen großen Bruder, mit dem er meist zusammen stieg, zu entlasten.

Als er Reinhold durch die Merklrinne nachstieg, bewältigte er, um diesen einzuholen, die Strecke in wesentlich kürzerer Zeit, als der Bruder gebraucht hatte. Dann spurte er noch voraus zum Gipfel, oder wenigstens bis kurz zuvor, wobei er auch noch die schwere und unpraktisch zu tragende Kamera der Brüder mit sich führte. Kein Wunder also, dass seine Kräfte weitgehend verbraucht waren, als der Rückweg begann.

Die Vorgänge, die sich nun angesichts unterschiedlicher Motivationen der Brüder abspielten, sind umfangreich beschrieben worden, und sie sind fraglos der Kernpunkt bestehender Auseinandersetzungen.

Manche sind davon überzeugt, dass die beiden wegen ihrer unterschiedlichen Zielsetzung in Streit gerieten. Ich teile diese Meinung nicht. Nie zuvor hatte ich, auch wenn es einmal unterschiedliche Vorstellungen oder Absichten gegeben hatte, so etwas wie Streit zwischen den beiden bemerkt. Günther stritt nicht. Im Zweifel gab er eher nach, insbesondere Reinhold gegenüber.

Dazu kommt noch, dass er ja Reinholds Vorstellung von einer Überschreitung kannte und deshalb davon nicht überrascht sein konnte, auch wenn er sich bei seinem Aufstieg in den Spuren des Bruders innerlich wohl kaum damit beschäftigt hatte. Der Gang zum Gipfel mit dem Bruder war sein Ziel, auf das er sich konzentrierte und für das er alle Sinne und Kräfte einsetzte.

Andererseits ist überhaupt nicht glaubhaft, dass der nach dem Gipfel zumindest sehr ermüdete Günther nun oben die bekanntlich schwerere Route im oberen Diamirbereich gewählt haben soll, wie Reinhold in der »Roten Rakete« behauptet:

»*Günther:* (deutet nach Westen [Diamirseite]): ›Steigen wir hier ab.‹

Reinhold: ›Können wir nicht.‹

Günther: ›Hier ist es leichter.‹

Reinhold: ›Wir müssen hinunter, wo wir herauf sind.‹

Günther: ›Das ist zu schwer.‹

Reinhold: ›Du bist doch auch herauf.‹

Günther: ›Aber jetzt bin ich müde.‹

Reinhold: ›Wir müssen heute noch ein Stück absteigen, morgen werden wir noch müder sein.‹

Günther: ›Aber nicht, wo wir herauf sind. Wir müssen einen leichteren Weg finden.‹

Reinhold: ›Hier gegen Westen ist es auch nicht ganz leicht.‹

Günther: ›Aber leichter.‹

Reinhold: ›Und morgen?‹

Günther: ›Vielleicht können wir unten an der Scharte hineinqueren. Sonst müssen wir um ein Seil rufen. Die anderen werden die Rinne versichern.‹ …«

Der so beschriebene Ablauf unterstellt beiden nicht nur eine unglaubliche Naivität, sondern Reinhold bescheinigt sich selbst eine totale Unkenntnis der tatsächlichen Gegebenheiten in der Gipfelzone, die er in Wirklichkeit aber sehr wohl kannte und eingehend studiert hatte. Gleichzeitig wird ja, wie zuvor schon festgestellt, deutlich, dass beide eben doch über ein entscheidendes Detail informiert waren: Die Merklrinne, welche die einzig besondere Schwierigkeit auf unserer Seite im hohen Bereich darstellte, würde versichert werden. Mittlerweile stellt Reinhold immer in Abrede, davon gewusst zu haben. Das gehört zu seinen hauptsächlichen Argumenten.

Dass er Günther bei diesem ihm in den Mund gelegten unsinnigen Wunsch auch noch nachgegeben haben will, widerspricht jeder vernünftigen Einschätzung und dem üblichen Verhalten zwischen diesen Brüdern. Sicher, auch für Reinhold war es der erste Achttausender, und man muss ihm in den auch für ihn noch ungewohnten Höhen gewisse Einschränkungen zubilligen, aber selbst noch am nächsten Morgen sprach er, ohne dass ihm eine Möglichkeit der Erholung zur Verfügung gestanden hätte, mit dem gipfelwärts steigenden Felix vernünftig, gab Auskunft und Ratschlag und vollbrachte immerhin danach eine enorme bergsteigerische Leistung, die eine glänzende Kondition und hervorragende Orientierung beweist.

Wo und wie die Brüder – getrennt oder gemeinsam – die Nacht nach dem ersten kurzen Abstieg verbrachten, weiß nur Reinhold selbst. Nach seiner Erzählung biwakierte er mit Günther in einer Nische unter einem Felsüberhang etwa 60 Meter entfernt von der Merklscharte, dem oberen Ende der Rinne, auf der Diamirseite.

Jedenfalls rief Reinhold am nächsten Morgen von der Scharte aus drei Stunden lang die Rupalflanke hinab. Was er anfänglich rief und wen er meinte, bleibt unklar. Erst als es zum Rufkontakt mit Felix kam, sind seine Worte beiderseits klar

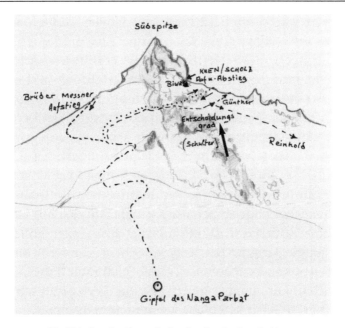

Die Südspitze des Nanga Parbat Der Ort der Entscheidung

bezeugt. »Hallo« war sein erstes verständliches Wort. Eine Bitte um Hilfe blieb aus, wie auch jede Erwähnung Günthers. Wozu also die stundenlangen Rufe? Diese Frage hat Reinhold nie sinnvoll und glaubwürdig beantwortet. Nach seiner Aussage will er ja von einem Aufstieg der Kameraden nichts gewusst haben. Weiter unten im Lager IV konnten seine Rufe unmöglich gehört werden. Wenn er auf Hilfe gehofft haben sollte, mussten die Kameraden jedenfalls schon nach oben unterwegs sein, um ihn hören zu können. Aber hat er überhaupt um Hilfe gerufen? Und wenn ja, warum hat er eine solche dann ausgeschlagen?

Früher hat er geschrieben und gesagt, er habe, als er erkannte, dass die beiden eigentlich nicht seinetwegen nach oben stiegen, sondern einfach wegen des Gipfels in seine Nähe ge-

111

kommen waren, auf Hilfe verzichtet. Unverständlich, wenn es um eine Notlage ging!

Nach seiner heutigen Darstellung habe er Hilfe aus Rücksicht auf Felix und Peter wegen des als zu gefährlich und unzumutbar beurteilten Aufstiegs zu ihm hin nicht in Anspruch nehmen wollen und sei deshalb nach entsprechenden Hinweisen anderweitig abgestiegen.

Wenn aber der Zugang technisch nicht möglich war, was Reinhold ja schon beim Aufstieg am Vortag so gesehen hatte und in der »Notlage« so beurteilt haben will, wozu verbrachte er dann an der Scharte kostbare Stunden mit Rufen? Felix und Peter waren die erfahrensten Bergsteiger des Teams und perfekt ausgerüstet. Jeder Zweifel an ihrer Hilfsbereitschaft ist reine Verleumdung. Dazu Felix: »Wir hätten nicht nur helfen können, wir hätten geholfen! Peter und mir dies auch nur in Gedanken nicht zuzumuten, wäre einfach ungeheuerlich ...« Also *wollte* Reinhold gar keine Hilfe in Anspruch nehmen. Warum aber dann die Rufe? Wem könnten sie gegolten haben? Dies bleibt eines der bedeutsamen Rätsel.

Meine Überlegungen und Hypothesen hierzu habe ich in der »Überschreitung« hinlänglich beschrieben. Bei dieser seltsamen Konstellation drängen sich naheliegende Mutmaßungen geradezu auf. Beweisen lässt sich letztlich nichts. Das wurde auch nie behauptet.

200 Meter weiter oben hätte es zudem einen möglichen Treffpunkt für Seilübergabe oder Hilfeleistung gegeben. Die beiden Aufsteigenden erreichten diesen Punkt ja dann auch entsprechend dem Hinweis, den sie von Reinhold erhalten hatten, der aber war inzwischen längst verschwunden. Seinen Abstieg nach der anderen Seite hatte er ihnen noch deutlich zu verstehen gegeben mit der Ankündigung, schon wieder ins Hauptlager zu kommen. Deshalb ließen Felix und

Peter ihr Seil auch kurz nach dem Rufkontakt zurück, weil es für den nicht mehr allzu schwierigen Bereich im obersten Teil der Rupalflanke nicht benötigt wurde. Günther war jedenfalls nicht gesehen oder erwähnt worden, und es fehlte von ihm jede Spur.

Da die Reste seines Leichnams nun auf der Diamirseite gefunden worden sind, kann Günther damals die möglicherweise angestrebte Rupalflanke eben noch nicht wieder erreicht haben, als er zu Tode kam, was Reinhold wiederum nicht wissen konnte. Insofern ist die in meinem ersten Buch zu diesem Thema nur angedachte *mögliche* Konsequenz aus einer als Hypothese definierten Überlegung nun hinfällig, was aber letztendlich am Kernproblem nichts ändert. Dass Günther auf der Rupalseite liegen *müsse*, habe ich nie behauptet. Diese Definition ist nur eine gezielte Fehlinterpretation.

Wie ich immer deutlich gemacht habe, sind wir bezüglich dieser Vorgänge um die Brüder auf Reinholds Erzählungen angewiesen, soweit sich diese nicht zu weit von der Logik und bekannten Tatsachen entfernen, und das ist leider häufig der Fall, was dann gedanklich zu nahe liegenden Vermutungen zwingt.

Die große Erschöpfung und zunehmend dramatische Symptome der Höhenkrankheit sind glaubwürdig, wann auch immer Reinhold diese an seinem Bruder bemerkte. Einmal hat er auch davon erzählt: »Ich glaube, er stirbt.« Reinhold kann damals noch kaum über Erfahrungen und Kenntnisse hinsichtlich des Verlaufs dieser Krankheit im medizinischen Sinne verfügt haben. Deshalb haben seine Beschreibungen des weiteren Verlaufs auch in dieser Hinsicht schon bald nach der Expedition große Verwunderung und Unglauben ausgelöst.

Karl Herrligkoffer, immerhin Arzt mit großer Erfahrung hinsichtlich der Reaktionen des menschlichen Körpers in extremen Höhen, stellt dazu in seinem Buch fest:

Die Himalaja-Geschichte kennt meines Wissens kein Beispiel, dass sich ein Höhenkranker in fast 8000 m aus eigenen Impulsen heraus – also ohne Getränk, ohne Nahrung und vor allem ohne künstliche Sauerstoffzufuhr – wieder soweit erholen konnte, dass er schließlich ganz fit wurde, so fit, dass er den kräftezehrenden Abstieg über eine ungesicherte 3000 m hohe Eiswand schaffte.

Reinhold, der zumindest oben noch völlig gesund war, beschreibt ja später seinen eigenen zunehmenden Verfall während der Abstiegstortur. Die Erfrierungen an seinen Zehen soll er sich – nach eigener Erklärung vom Juni 1971 – erst im Tal geholt haben, um eine »Entschädigung« von Herrligkoffer beanspruchen zu können.

Im März 1971 bereits »korrigierte« Reinhold seine ersten Aussagen vom August 1970 schon einmal mit einer neuen Darstellung, wonach er Günther von unten zum letzten Mal gesehen haben will, und zwar noch wesentlich weiter oben in der Wand. Das wurde von Karl natürlich sofort mit erhobenem Zeigefinger kolportiert.

In einem Fernsehinterview erklärte Reinhold einmal, er wisse genau, dass Günther im zweiten und letzten Biwak beim Abstieg noch bei ihm war. Der »Beweis« dafür sei, dass beide völlig klar gewesen seien, »denn wir hörten gemeinsam das Wasser rauschen, welches nicht da war, denn wir halluzinierten«. Dem ist nichts hinzuzufügen.

Dass Reinhold nicht weiß, wann und wo er Günther tatsächlich zum letzten Mal gesehen hat, wie er mir als Erstem anfänglich sagte, ist angesichts der Umstände eher glaubwürdig und verständlich. Daraus ist ihm nie Kritik oder gar ein Vorwurf erwachsen. Nur die Widersprüche, in die er sich zunehmend verwickelt hat, seine Rechthaberei und seine maßlosen Beschimpfungen anderer stehen auf dem Prüfstand.

Günther mag schon weit oben, unterhalb des Gipfels, gestorben sein. Kälte, totale Erschöpfung, Dehydrierung, Höhenkrankheit – wer das aushält, muss schon gestählt sein. In dieser Hinsicht hatte Reinhold den Vorsprung, der gerade fürs Überleben ausreichte, von Natur aus und durch fast zwei Jahre mehr Reife.

Ich habe oft darüber nachgedacht, ob Reinhold dabei gewesen sein könnte, als Günther starb. Ich glaube es nicht. Es kann nicht sein. Er hätte doch dann eigentlich wirklich keinen Grund gehabt, dies zu verschweigen. Damit hätte er sich sogar einiges an Problemen erspart: Der Bruder war ihm aus freien Stücken nachgeklettert, hatte seine Gewalttour bis hin zu ihm und dann noch das Spuren zum Gipfel überstanden, wofür die Kraft gerade noch ausgereicht hatte. Im obersten Teil des Abstieges war diese endgültig verbraucht. Er starb neben ihm, vielleicht in seinen Armen. Danach hatte der verzweifelt Überlebende dann den Abstieg über die Diamirflanke gewagt.

Aber so kann es leider nicht gewesen sein. Vom Inhalt des Rufkontakts an bis zu seiner Frage beim Wiedersehen »Wo ist Günther?« passt nichts zu einer solchen Version, die auch nie von irgendjemandem behauptet wurde. Nein, Günther starb ohne Zweifel völlig allein.

Erfrieren ist wohl ein vergleichsweise schöner Tod. Aus Ohnmacht Wiederbelebte bezeugen das. An einem Höhenödem erstickt man, wenn nicht zuvor schon das Herz aussetzt.

Natürlich könnte Günther auch schon in großer Höhe abgestürzt sein. Übermüdung, mangelnde Konzentration, Schwindel, alles denkbar und auch schon von Reinhold gegenüber dem Journalisten André Müller für möglich gehalten: »Vielleicht ist er auch abgestürzt.« Welchen Grund sollte Müller haben, eine solche Aussage zu erfinden?

Von einer Eis- und Steinlawine – eine Staublawine kommt zu diesem Zeitpunkt nicht in Frage – kann man erschlagen, aber auch lebendig begraben werden. Hoffentlich war Letzteres nicht der Fall.

Die Geschichte mit der tödlichen Lawine unten im Diamirtal, auf der Reinhold besteht, soll ja ich ihm schon in Gilgit empfohlen haben. Die neuerliche Behauptung, an den gefundenen Leichenresten könne man als Ursache einen Lawinentod nachweisen, kann natürlich von niemandem ernst genommen werden.

Die letzten Vorgänge bis zum einsamen Tod Günthers bleiben ein Geheimnis, das nur Reinhold kennen könnte, eigentlich wenigstens teilweise kennen müsste, das er aber nicht erzählen will und inzwischen vielleicht auch nicht mehr erzählen kann. Niemand könnte oder will ihn dazu zwingen. Es bleibt eben sein Geheimnis. Aber er sollte es endlich unterlassen, seinen selbstgewobenen Schleier über diesem Geschehen zum Vorwand zu benutzen, anderen Schuld zuzuweisen.

IM SALVATORKELLER

Reinhold ärgerte sich nach der Expedition 1970 zusehends mehr über die Relativierung seines persönlichen Erfolges, weil Karl in der Presse und in Vorträgen auch die Leistung anderer Teilnehmer des Teams in gleicher Weise herausstellte. Die mühsam erkämpfte und opfervoll erlittene Einzelleistung seiner Überschreitung und die herausgehobene Stellung gegenüber allen anderen Expeditionsteilnehmern, die er sich damit erworben zu haben glaubte, wollte Karl vor der Öffentlichkeit nicht in jener Weise würdigen, die Reinhold für angemessen hielt, und genau das schien für ihn unerträglich zu werden. Wozu dann seine schier übermenschliche Leistung, wozu das besondere Risiko, wozu Verletzungen und der tragische Tod Günthers in trauriger Folge?

Im August und September 1970 waren in Zeitungen und Magazinen kontroverse Berichte über die Vorgänge am Nanga Parbat erschienen. Im frühen Herbst 1970 wurde ein großer Diavortrag von Dr. Karl Maria Herrligkoffer über unsere Expedition zum Nanga Parbat im Münchner Salvatorkeller angekündigt. Reinhold und ich suchten die Vorstellung auf, ohne uns dort anfänglich bemerkbar zu machen. Auch meine Mutter war dabei, saß aber nicht bei uns.

Der Saal war voll, und wir platzierten uns unauffällig irgendwo in der Mitte. Wir hatten uns vorgenommen, plötzlich einzugreifen, wenn Karl etwas über die Messnerbrüder äußern sollte, das nicht in Reinholds Konzept passte, und eine öffentliche Diskussion zu entfachen.

Herrligkoffer aber gab sich keine Blöße. Der Vortrag dümpelte harmlos vor sich hin, und Reinhold wurde schon nervös in der Befürchtung, dass sich kein Angriffspunkt ergeben könnte. Ich muss zugeben, dass der dann benutzte Anlass doch sehr gering war und eigentlich keinen sachlichen Grund für unser Eingreifen bot. Aber Reinhold wollte wegen Karls Presseberichten diese Gelegenheit keinesfalls verstreichen lassen. Als ein großes Bild von Günther auf der Leinwand erschien, wobei Karl die Bemerkung machte, Günther sei ihm für den Gipfel nicht stark genug erschienen, schrie Reinhold laut auf. Darauf herrschte gespannte Ruhe im Saal, und die Lichter flammten auf.

Ich erhob mich und sagte laut: »Ich stelle euch hier Reinhold Messner vor, der die Vorgänge am Nanga Parbat besser erklären kann.«

Applaus und besonders intensives Klatschen und Rufen von unserer rechten Seite her, wo Herrligkoffers Stammfeinde versammelt saßen, denen das Intermezzo hochwillkommen war. Wir gingen nun zu der rechts vorne aufgebauten Tribüne, wo ein Mikrofon stand, das ich sofort übernahm. Einige von Karls näheren Freunden hielten sich dort auf, und er selbst setzte sich starren Blickes auf einen Stuhl neben sie. Der Vortrag schien nun völlig umgepolt zu sein. Ich erklärte, so manches sei doch etwas anders gewesen, als der Expeditionsleiter hier zum Besten gäbe, und was man eben sonst alles so sagt, wenn man eigentlich nichts besonders Kontroverses zu sagen hat. Im Grunde war es reine Polemik. Reinhold wechselte mit mir im weiteren Vortragen ab. Die Fangruppe, also Karls Opposition, war begeistert, und der ganze Saal ließ sich anstecken.

Dann setzte sich Karl wieder und blickte zunehmend erboster drein. Kein Dia kam mehr auf die Leinwand, aber die Zuschauer empfanden das skandalöse Ereignis als überaus befriedigend und gingen schließlich mit dem Gefühl nach Hause, auf ihre Kosten gekommen zu sein.

Anwesend war auch der Expeditionskonkurrent und bislang besondere Erzfeind Herrligkoffers, Notar Paul Bauer. Dieser hatte 1938 eine vielbeachtete Unternehmung zum Nanga Parbat geführt und dabei auf dem Grat zum Silbersattel, am Mohrenkopf, den damals bereits vier Jahre toten Willy Merkl mit dessen Träger Gay-Lay gefunden. Wegen der ihm nachfolgenden Träger, die abergläubisch nicht an Leichen vorbeigehen wollten, entschied sich Paul Bauer dafür, die beiden Toten in den südlichen Steilhang hinab zum Bazhin-Gletscher zu versenken.

Dazu meinte Herrligkoffer entrüstet: »Einfach obigschmissn hams ean.«

Jahre später fand man dort unten Willys Bergstiefel, den der Doktor dann bei Vorträgen grimmig vor sich auf das Pult stellte. Nun hat ja auch Reinhold einen Stiefel.

Paul Bauer und dessen Frau waren jedenfalls an diesem Abend im Salvatorkeller entzückt und luden uns für den nächsten Tag zu sich in ihren schönen Garten nahe München ein, wo der ganze Fall nochmals bei selbstgebackenem Holzofenbrot besprochen wurde.

Reinhold kletterte alsbald mit mir in den Dolomiten, er ritt bei mir zu Hause und plante mit mir für die Zukunft. Das waren noch Zeiten in schönster Eintracht. Seine Briefe bezeugen dies.

Mit Frau und Kindern besuchte ich die Familie Messner in Villnöss. Besonders die Mutter beeindruckte durch ihre fürsorgliche Güte. Aber sie war dem überlebenden Sohn gegen-

Reinhold Messner (rechts) zu Besuch beim Autor und seiner damaligen Frau …

über nicht nur kritiklos. Als er kurz darauf meine Ehe zerstörte, flehte sie mich in rührenden Briefen an, die mittlerweile mit Reinhold auf Reisen befindliche Frau doch bitte
zurückzunehmen. Sie war zutiefst entsetzt, wie Reinhold
mein Vertrauen missbraucht, mich belogen und hintergan-
gen hatte. Für die Familie Messner war diese Angelegenheit
höchst peinlich.
Die Ehe war jedoch nicht zu retten und wurde nach kurzer
Frist geschieden. Die Kinder blieben bei mir. Für eine Weile
wurde die Geschiedene dann Frau Messner, bis auch diese Ehe
zerbrach.

120

... auf Schloss Erolzheim

Jene, die Reinhold damals aus alpinistischen Gründen angriffen, wollten mich nun für sich einspannen, was ich entschieden ablehnte. Meine Privatangelegenheiten hatten
nichts damit zu tun.

Ich bestreite nicht, dass mich damals die Falschheit, die der
so vertraut gewesene Freund meines Hauses mir gegenüber
an den Tag gelegt hatte, natürlich tief enttäuschte und auch
empörte. Aber das legte sich schon nach verhältnismäßig kurzer Zeit, da sich mein Pivatleben alsbald zum Besten entwickelte. Seit über 30 Jahren bin ich glücklich verheiratet und
habe inzwischen acht Enkelkinder. Ich habe in diesem Zu-

Auf vertrautem Fuß: Max und Reinhold mit Konstantin, einem Sohn des Autors

sammenhang nichts zu bedauern und hege somit wegen dieser Angelegenheit auch keine persönliche Aversion gegen Reinhold.

Ich erzähle dies alles nur deshalb, weil oft behauptet wird, meine derzeitige Kritik an Reinhold und der ganze Disput habe mit seinem damaligen Verhalten mir gegenüber zu tun und sei gar so etwas wie Rache für eine private Kränkung. Das liegt mir völlig fern! Andererseits bin ich jedoch angesichts seiner neuen Angriffe der Meinung, ihm gegenüber trotz der

Beim Klettern mit Reinhold in den Dolomiten

123

früher einmal so freundschaftlichen Beziehung nicht mehr
zu besonderer Zurückhaltung verpflichtet zu sein.

Es liegt nahe, dass der zwiespältige Vortragsabend an jenem
Herbsttag 1970 im Salvatorkeller die Auseinandersetzung
Messner kontra Herrligkoffer zusätzlich verschärfte. Der Ton
der Kontrahenten in den Medien wurde nun rigoroser und
die Argumente rücksichtsloser, so dass ich nun nicht mehr
in allen Details mit Überzeugung Partei ergreifen konnte, und
zwar noch bevor die erwähnte private Angelegenheit die
Freundschaft mit Reinhold beendete. Zu persönlich und grob
schien mir vor allem die Strafanzeige Reinholds gegen Karl
Herrligkoffer und Michl Anderl wegen fahrlässiger Tötung,
der auch kein Erfolg beschieden war.

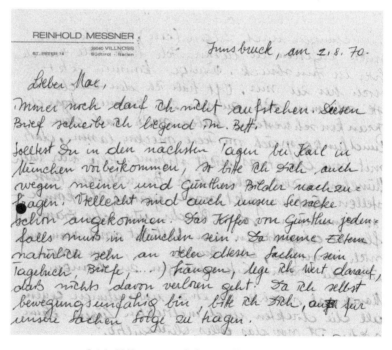

Reinhold Messner am 2. August 1970 an den Autor

Der Autor im Kreis seiner Familie (2003)

Karl hatte zwar in der Presse seinen Irrtum mit der roten Rakete geschönt und die Vereinbarungen, die in diesem Zusammenhang getroffen worden waren, zu seinen Gunsten
moduliert, aber massive Angriffe gegen Reinhold, wie sie später veröffentlicht wurden, waren noch nirgends festzustellen
gewesen.

Reinhold ließ jedoch nicht locker. Er sah in Karl Herrligkoffer seinen persönlichen Feind, der seine Bestrebungen, berühmt zu werden, mit Routine blockierte und Reinholds Leistung klein reden wollte. Befriedigung brachte ihm einerseits
ein permanenter Kampf gegen Karl in Presse, Vorträgen und
bei Gericht, andererseits aber schließlich auch die Selbststi-
lisierung zum »Übermessner«. Diese Bezeichnung passt gut

zum Begriff des »Übermenschen«, den Reinhold bei Nietzsche aufgeschnappt hatte und, wiewohl falsch verstanden, gern zitierte.

Dieser »Übermessner« konnte natürlich nun keine anderen Leistungsträger mehr neben sich dulden. Wer immer auch mit ihm auf einem Gipfel gestanden hatte oder sonst auf einem schwer erreichbaren Punkt dieser Erde, der konnte einfach nicht das gleiche geleistet haben wie er. Und wenn doch, dann konnte der andere zumindest nicht die gleiche Qualität an Gefühlen und geistiger Kraft dabei entwickelt haben wie er.

Im Endeffekt kam es einfach auf keinen anderen mehr an, wer immer dies auch sein mochte. Niemand außer ihm, Reinhold Messner, hatte zudem eine besondere Ehre zu verteidigen. Andere sind – verglichen mit ihm – stets relatives Mittelmaß. Schließlich war es wohl auch diese wahnhafte Vorstellung, die dazu führte, dass er ohne Bedenken seine früheren Helfer und Kameraden der unterlassenen Hilfeleistung bezichtigte und ihnen nach über 30 Jahren plötzlich unsinnige und bösartige Wünsche und Absichten unterstellte. Diese rücksichtslosen neuen Attacken aber waren der Auslöser jener Publikationslawine, über die er sich nun so heftig beklagt.

Wenn es denn überhaupt zu einem »Denkmalsturz« gekommen sein sollte, so war es nur sein eigenes aggressives Verhalten, das dazu geführt hat. Hätte er nicht unehrenhaft andere schlecht gemacht, er müsste auch nicht um seine eigene Ehre fürchten und kämpfen.

Wir jedenfalls, das Team von 1970, hätten – wie zuvor über 30 Jahre lang – auch weiterhin, ja bis zu unserem Tode geschwiegen.

Zu Beginn meiner Veröffentlichungen in Zeitschriften im Jahr 2002 hatte Reinhold noch mit Zufriedenheit behaup-

tet, nur der verständliche Neid seiner früheren Kameraden
könne das Motiv für ihre Bemühungen sein, an die Öffentlichkeit zu treten. Er war zwar bissig und konterte mit unschönen Ausdrücken, aber er freute sich auch: »Mir soll eine Diskussion, wie sie jetzt forciert wird, nur recht sein. Sie
wird dem Buch (gemeint ist ›Der nackte Berg‹) nur weitere
Leser bringen ... Vielleicht schreibt Herr von Kienlin endlich seine Version« (*Profil*, April 2002). Diesen Hinweis habe ich beherzigt.

Dann erschienen im Frühsommer 2003 die Bücher von Hans
Saler und mir zeitgleich mit Reinholds neuem Buch »Die weiße Einsamkeit«, in dem er die lästigen Kritiker bereits abge-
tan glaubte.

Die beiden neuen Bücher ärgern ihn. Es sind weniger die Hypothesen über seine damaligen Entscheidungen am Berg,
denn die kennt er schon lange. Es sind auch nicht etwa neue
Enthüllungen, die schon von Herrligkoffer unterstellt und
veröffentlich worden waren und die gar nicht so entscheidend sind, wie er immer tut. Vielmehr scheint ihn die bloße
Tatsache zu verdrießen, dass überhaupt jemand außer ihm
zu diesem Thema ein Buch schreibt. Noch kurze Zeit zuvor
hatte er in dem TV-Bericht »Legenden« verkündet, dass alles
Bedeutende, das in den letzten dreißig Jahren über Berggeschichte und Moral am Berg geschrieben worden sei, aus seiner Feder stamme. Nun war das Monopol gebrochen.

Es stört ihn aber zum anderen auch, dass nun angesichts der
Offenbarung allzu menschlicher Züge die Aura der Einma-
ligkeit verloren ging, mit der er sich zu umgeben liebt, und
er fühlt sich entzaubert. Das scheint in seinen Augen unsere eigentliche Schuld zu sein.

Bergsteigen ist ein Sport, aber es ist kein Kampfsport. Reinhold aber hat, wie kein anderer vor ihm, einen Konkurrenz-

sport daraus gemacht, und angesichts seiner zähl- und messbaren Leistungen kann da in der öffentlichen Meinung keiner mithalten. Wer in seinen Sphären von sich reden macht,
wird früher oder später von ihm abgekanzelt. Man stelle sich
ein solches Verhalten in anderen Sportarten vor. Ein Fuß-
baller, der schlecht über seine Mannschaft redet, ein Ten-
nisdoppelspieler, der immer erzählt, er habe das Match trotz
des schwachen Partners gewinnen können. Geradezu unvorstellbar.

Reinhold ist seit 1970 auf der Erfolgsleiter stets nach oben
geklettert, schon bevor er zu neuen Unternehmungen auf-
brechen konnte. Mehr und mehr begann er seinen etablierten Gegner Karl Herrligkoffer zu kopieren, wollte es ihm in
der Öffentlichkeitsarbeit wenigstens gleich tun und hat ihn
darin bald weit überflügelt.

Es darf nicht verwundern, dass Karl auch mich nach dem beschriebenen Vorgang im Salvatorkeller nicht mehr in sein
Abendgebet einschloss. Trotzdem hat er mich nie wieder persönlich angegriffen. Er hat mich ganz einfach von seiner Lis-
te gestrichen.

Ungeachtet dieser bedauerlichen Kontroverse habe ich Dr.
Karl Herrligkoffer jedoch für viele seiner Leistungen auch be-
wundert und ihn dementsprechend in meiner »Überschreitung« erwähnt:

*»Nochmals denke ich an den umstrittenen Expeditionsleiter Dr.
Karl Maria Herrligkoffer. Bei aller Kritik im Detail muss jeder Teilnehmer dieser Expedition anerkennen, dass mit großer Wahrscheinlichkeit keiner von uns damals die Chance erhalten hätte,
an diesem wunderbaren Berg zu klettern ohne den zähen Willen
dieses Mannes und seine Art der Organisation, die in seiner Zeit
eben die Basis solcher Unternehmungen war. Dafür gebührt ihm
Dank.«*

Diese Vorgänge sind nun fast 36 Jahre her, der Doktor und ein Großteil seiner Freunde und Feinde sind längst tot, und so darf wirklich verwundern, dass es Reinhold immer aufs Neue gelingt, diesen Lebensabschnitt der Öffentlichkeit zu vermitteln, ganz gleich mit welchen neuen Feindbildern, Behauptungen und Aktivitäten.

PROZESSE

Im Jahr 1970/71 kam es zu den erwähnten langwierigen und mit Härte geführten gerichtlichen Auseinandersetzungen zwischen Reinhold Messner und Karl Herrligkoffer, der teilweise auch persönlich angegriffen wurde, aber meist als Repräsentant seiner Stiftung »Deutsches Institut für Auslandsforschung« fungierte. Die Akten nahmen schließlich so viel Raum ein, dass alle Goethebände dort leicht Platz gefunden hätten. Mehrere Anwälte engagierten sich auf beiden Seiten. Neue Termine, komplizierte Sachverhalte, Zeugen und viel Presse mit gelegentlichem Rummel um Nebensächlichkeiten. Insgesamt waren es 14 unterschiedliche Prozessteile, die Reinhold letztlich alle verlor. Das lag nicht an seinen Anwälten und nicht an den Zeugen aus dem Team, die ihm großenteils hilfreich zur Seite standen und teilweise selbst mit unter Beschuss gerieten und finanzielle Nachteile zu tragen hatten. Karl hatte mehr Erfahrung, und die ausgeklügelten Expeditionsverträge halfen ihm beträchtlich.

Reinholds Erstbuch »Die rote Rakete« von 1971 wurde nicht in bestimmten Teilen, sondern im Ganzen verboten, weil der Vertrag den Teilnehmern eigene Veröffentlichungen per se untersagte, weshalb es auf Details im Sinne falscher Tatsachenbehauptungen oder insultierender Bemerkungen gar nicht ankam, obwohl diese natürlich auch beleuchtet und gewertet wurden.

Schon damals unterstellte Reinhold, man bezichtige ihn hinterhältig des »Brudermordes«. Hierzu ein Auszug aus einem Brief an mich vom August 1970:

… Es ist nicht leicht, die vielen Angriffe, Verleumdungen und Lügen einfach über mich ergehen zu lassen. Ich hatte viele Freunde hier in Innsbruck. Wenige kommen jetzt noch her zu mir. Oft habe ich den Eindruck, sie schämen sich, zu mir zu kommen. Sogar die Krankenschwestern haben mich nach dem Rundfunkgespräch von Felix merken lassen, dass mit mir da etwas nicht stimme. Felix war nach München nicht mehr hier. An wichtigen Pressestellen hat er jetzt sogar geäußert, ich könnte – so vermutet er – ohne Bruder über die Diamirflanke abgestiegen sein. Vielleicht wird man mir noch vorwerfen, den Bruder …, um allein über die Diamir-Seite absteigen zu können …

Was mit den Punkten hinter »Bruder« gemeint sein soll, ist leicht vorstellbar. Aber auch Karl oder Felix waren natürlich weit davon entfernt, eine derart angedeutete Unterstellung auch nur in Erwägung zu ziehen. Solche Hinweise benutzt der Taktiker Reinhold stets nur, um von der eigentlichen Hinterfragung seines Verhaltens, nämlich seines heimlich angekündigten Überschreitungsvorhabens, abzulenken, und das oft mit Erfolg.

Als sein Buch verboten wurde, war die Auflage jedoch schon weitgehend verkauft. Trotzdem, der Verlust der Prozesse gegen Karl beziehungsweise dessen Institut, in denen sich Reinhold in seinem Ärger auch teilweise zu weit vorgewagt hatte, kostete ihn ziemlich viel Geld und Nerven. Seine Wut auf Herrligkoffer steigerte sich stufenweise ins Irrationale und zielte schließlich auch auf all diejenigen, die sich nicht auf seine Seite schlugen. Überall witterte er schon zu dieser Zeit Ehrabschneidung, Missgunst und Neid. Nun wollte er es allen zeigen. Und er zeigte es ihnen. Ein außergewöhnliches

Nachspiel der Nanga-Parbat-Tragödie

„Könige der Berge" bald vor dem Kadi?

Gericht soll sich mit dem Tod Günther Messners beschäftigen

Unter der Original-Schlagzeile aus dem Jahr 1970 die beiden Haupt-
kontrahenten der gerichtlichen Auseinandersetzungen, Dr. Karl
Herrligkoffer und Reinhold Messner

Unternehmen jagte das andere und jeweils wurde alles zu Papier gebracht und veröffentlicht, woran ihn nun keiner mehr
hindern konnte. Ruhm und Geld flossen Messner dabei reich-
lich zu, und er durfte eigentlich mit sich und seinem Erfolg
zufrieden sein. Aber der alte Stachel saß offenbar zu tief. Das
Urgefühl der Ohnmacht gegenüber dem etablierten Herrlig-

133

koffer bis hin zu den alten von ihm bekämpften sozialen Problemen ließen Normalität offenbar nicht zu. Höchstwahrscheinlich kam auch eine dauernd wirkende Belastung seines verdrängten Gewissens wegen des Brudertodes hinzu, der ihn heute noch zu beherrschen scheint. Dies alles ließ ihn nicht zur Ruhe kommen.

Vater Messner hat seine Empfehlung, Günther zum Nanga Parbat mitzunehmen, später natürlich bitter bereut, und er hat auch Reinhold nie ganz verzeihen können, dass er den jüngeren Bruder nicht wieder zurückbrachte. Nach Reinholds eigener Aussage hat dies sein Verhältnis zum Vater auf Dauer belastet – vielleicht gar über dessen Tod hinaus. Niemals hat der standesbewusste Vater das von seinem Sohn erworbene Schloss Juval betreten, weil ihm allein dieser äußere Auftritt gegen seinen gesunden, gewachsenen Stolz ging, und in erprobter Menschenkenntnis schwante ihm, dass sich der diesem Sohn innewohnende Drang zur Maßlosigkeit hier bereits in Äußerlichkeiten manifestierte. Mutter Messner hingegen hat in ihrer großen Güte dem einzig Zurückkehrenden keine Vorwürfe gemacht, was immer sie auch empfunden und gedacht haben mag.

Jenseits von alledem hatte Reinhold in der Presse und öffentlichen Meinung damals eher den Sieg davongetragen, weil der mitleiderregende, junge Leistungsträger natürlich mehr hergab als der grantige, alternde Organisator.

Um diesen künftig als Expeditionsleiter auszuschalten, trug mir Reinhold in der Blütezeit unserer Beziehung die Leitung für seine geplanten Unternehmen an und wollte selbst dabei nur den bergsteigerischen Part übernehmen.

Erst nach Jahren verebbte der damalige gerichtliche Streit, und Reinhold hatte inzwischen seine bemerkenswerte Karriere als professioneller Höhenbergsteiger und erfolgreicher

Verwerter seiner Taten in den Medien begonnen. Dies hielt etwa drei Jahrzehnte lang an und machte ihn weltweit berühmt.

Aber es kam jener rabenschwarze Donnerstag, an dem in München eine Biografie über Herrligkoffer vorgestellt wurde, von der im nächsten Kapitel noch zu reden sein wird, und die dann mit Zwischenstufen zu den Büchern »Die Überschreitung« und »Zwischen Licht und Schatten« führte.

Diese waren kaum auf dem Markt, als Reinhold durch seine Anwälte in Hamburg Einstweilige Verfügungen gegen sie beantragen ließ. Aber im Gegensatz zum vollständigen Verbot seiner »Roten Rakete« 1971 ging es hierbei nur um einzelne Punkte in den Buchtexten, deren Wiederholung *vorläufig* verboten wurde.

Reinhold jedoch behauptete beispielsweise in einem Fernsehinterview bei J. B. Kerner am 11. September 2003 fälschlich, »die Bücher« seien verboten, was nie der Fall war. In aller Vorsicht hatte das Gericht sogar verfügt, dass die bereits gebundenen Exemplare inklusive der in Frage stehenden Punkte – es war bereits die zweite Auflage meines Buches – von dem Verbot nicht erfasst seien, also weiterhin verkauft werden durften.

Die in zwanzig Teilen verfassten Eidesstattlichen Versicherungen Reinholds vom 27. Juni 2003 dienten dazu, vor dem LG Hamburg diese Einstweiligen Verfügung zu erwirken. Sie richten sich gegen eine Reihe von Darstellungen in meinem Buch »Die Überschreitung« und enthalten nachweisliche Unwahrheiten, die ihm eigentlich bewusst sein müssten, weil er in seinen zahlreichen Berichten und Büchern eben anders, nicht selten sogar das Gegenteil geschrieben hat.

So versichert er beispielsweise an Eides statt: »Die Überschreitung des Nanga Parbat hatte für mich nichts damit zu tun, dass ich angeblich sehen konnte, dass kein Wettereinbruch in absehbarer Zeit zu erwarten war. Letzteres entspricht sowieso nicht den Tatsachen ...«

In seinem Buch »Die weiße Einsamkeit« schreibt er auf Seite 33 über dieselbe Situation: »Im Laufe des Tages sehe ich, dass das Wetter gut bleibt.«

Solche Widersprüche wären vielfach aufzuzählen.

Er ging zum anderen in diesem Buch, das gleichzeitig mit meiner »Überschreitung« Ende Mai 2003 erschien, schon zornig und manchmal sogar detailgenau auf den Inhalt meines noch nicht erschienenen Buches ein. Wie war das möglich? Ganz einfach. Er hatte zweifellos im Internet meinen Bericht gelesen, der schon ein Jahr zuvor dort zu finden war und der in entscheidenden Punkten schon den Inhalt des Buches vorwegnahm. Trotzdem versichert er im Juni 2003 an Eides statt für seinen Prozess in Hamburg: »Zuvor hatte ich noch keine Kenntnis von dem Inhalt des Buches, insbesondere den gegen mich darin erhobenen Vorwürfen und falschen Tatsachenbehauptungen.«

Auch versichert er »an Eides statt«, er habe von der beabsichtigten Herausgabe meines Buches erst im Juni 2003 erfahren. Aber schon im August 2002 hatte ich dem Piper-Verlag einen wesentlichen Teil meines Manuskriptes vorgelegt und angeboten. Da dieser Verlag ja bekanntlich Messners Bücher publiziert, war eine Ablehnung von dort verständlich. Dass er aber nicht davon erfahren haben will, erscheint wenig glaubwürdig.

Im Januar 2003 schrieb Uschi Demeter, Reinholds frühere Frau und nach wie vor seine Vertraute, eine Karte an einen Bekannten: »Max von Kienlin hat ein Nanga-Buch gegen RM geschrieben«, und sie erkundigt sich, wo es wohl verlegt wird. Und Reinhold will nichts von dem Buch gewusst haben?

Jedenfalls erregte das Erscheinen meines Buches ab Juni 2003 großes Aufsehen. Zeitungen schrieben in verschiedenen Ländern und Reinhold reklamierte unaufhörlich eine »Rufmordkampagne« und »psychische Folter«, obschon ihm die inzwischen offen gelegten Fakten und Hypothesen über den Brudertod ja seit 33 Jahren aus Herrligkoffers Repertoire längst vertraut waren.

Bei seinen eigenen Buchvorstellungen und anderen Gelegenheiten kam es nun zu Wutausbrüchen und Verbalinjurien, wobei er niemals vergisst zu sagen, dass man ihm »sein damaliges Überleben« zum Vorwurf mache. Eine seltsame Polemik, aber auch ein bemerkenswerter Hinweis auf sein Verhältnis zu sich selbst und zu seinem Bruder bei den Abläufen am Nanga Parbat.

Um von seinen eigenen üblen Anschuldigungen abzulenken, versucht er stets, diese nachträglich zu rechtfertigen. Wenn er jemandem Schuld zuweist, muss der eben auch schuldig sein. Und er selbst muss dabei in die Opferrolle schlüpfen. Das war seine erste große Erfahrung mit der Öffentlichkeit 1970, und sie hat sich bewährt.

Diese Wandlung vom Täter zum Opfer hat Reinhold jahrzehntelang geübt und beherrscht sie vorzüglich. Viele denken über kurz oder lang, der arme Reinhold werde schon wieder einmal angegriffen, man gönne dem Erfolgreichen nichts, er müsse sich immer verteidigen.

Reinhold perfektionierte mittlerweile seine Opferrolle. Er behauptet, seine Kinder würden nun unter den Büchern leiden und in der Schule mit schlimmen Fragen über ihren Vater gequält. »Wer auf mich zielt, trifft meine unschuldigen Kinder«, so klagt er – eine Art taktischer Geiselnahme mit dem unüberhörbaren Ruf nach Mitleid, peinlich und unglaubwürdig.

Dabei wurde Messner weder in meinem noch in Hans Salers

Buch eines »Verbrechens« beschuldigt, wie er vorgibt. Im Gegenteil, unsere Darstellungen entlasten ihn bei genauer Betrachtung sogar für sein damaliges Handeln mehr als seine eigenen.

Als ich Reinhold zu Beginn unserer großen Expedition 1970 kennenlernte, machte er kein Hehl aus seiner Absicht, berühmt werden zu wollen. Ich fand dies verständlich und absolut legitim. Das finde ich auch heute noch. Als er dann aus der Klinik in Innsbruck entlassen worden war, trafen wir uns in München wieder und gingen gemeinsam auf das eben eröffnete Oktoberfest. Er trug noch die weichen roten Innenstiefel vom Nanga.

Durch Publikationen war sein Gesicht bekannt geworden, und er genoss es, erkannt zu werden: »Gell, Sie sind der Reinhold Messner?!« Ich freute mich für ihn, und die arglose Freundlichkeit, mit der er damals noch mit anderen und über andere sprach, ließ nicht ahnen, wie ihm der Ruhm alsbald zu Kopfe steigen würde. Seine vielen Briefe an mich waren voll Dankbarkeit und Zuversicht, und im Gegensatz zu heute, wo er mir jede Kompetenz abzusprechen versucht, hatte er damals allem Anschein nach eine recht gute Meinung von mir.

Das scheint sich nun ins Gegenteil gewandelt zu haben. 24 einzelne Verbotsanträge ließ er gegen mein Buch gerichtlich einbringen, wovon die Richter sich bei 13 Punkten zum vorläufigen Verbot entschlossen. Es geht dabei fast nur um bestimmte Wendungen, die im juristischen Verständnis vorläufig so nicht gesagt oder geschrieben werden dürfen. Dazu gehören beispielsweise die Worte »Plan« oder »Absicht« hinsichtlich seiner früheren Erklärungen zur Überschreitung des Nanga Parbat, die er gegenüber einigen von uns im Vorfeld gemacht hatte. Es war kein Problem, solche Begriffe dann in der dritten Auflage bei gleichbleibendem Sinninhalt zu ändern und damit dem Verdikt zu entgehen. »Zielvorstellung«, »Wunschidee« und andere alternative Begriffe verstießen nicht gegen das Verbot.

Wenn ich anfänglich, so ein anderer Punkt, geschrieben hatte »Reinhold sah, dass das Wetter gut war«, so versteht das Gericht darunter eine Tatsachenbehauptung, die ich nicht wissen kann und die Reinhold eben bestreitet.

Nun steht in den neuen Auflagen »alle sahen, dass das Wetter gut war«, und dagegen ist nichts mehr einzuwenden. Es war eben gut, das ist erwiesen, und das hat er auch selbst schon geschrieben. So einfach und so kompliziert ist das nun einmal.

Aber es gibt auch durchaus kuriose Verbotspunkte. Hans Saler hatte gewagt, in seinem Buch zu erwähnen, Reinhold habe 1971 anlässlich seines Besuches bei mir auf dem Schloss einen kleinen Fiat gefahren, obwohl er damals tatsächlich einen kleinen Renault fuhr. Man denke! In seiner Neuauflage schrieb Hans dann in gebotener Vorsicht nur noch von einem Auto.

Auch hatte Hans sich in der Reihenfolge der Geschwister geirrt und Reinhold als den Ältesten bezeichnet, obwohl er doch der Zweitgeborene ist. Falsche Tatsachenbehauptung, Verbot!

Ich hatte mir erlaubt, ganz nebenbei und ohne Wertung zu erwähnen, dass Reinhold 1971 nicht habe Schifahren können, was natürlich relativ zu verstehen war. Er hatte nämlich meine Aufforderung, mit mir beim Infernorennen am Schildhorn teilzunehmen, mit genau dieser Begründung abgesagt. Das bezog sich ja auf eine alpine Abfahrt und nicht auf Schilanglauf, weshalb sein Eidesstattlicher Hinweis auf letzteres an der Sache vorbei geht. Trotzdem – Verbot!

Natürlich beziehen sich eine Anzahl Punkte in meinem Buch auf meine Tagebuchnotizen, das heißt eigentlich nur auf den Teil, den ich während einer Unterbrechung auf dem Heimflug vom Nanga in einem Hotel niedergeschrieben hatte. Er ist als Faksimile auf dem Einband der ersten beiden Auflagen der »Überschreitung« abgedruckt und es wird auch im Text des Buches darauf Bezug genommen. Warum auch nicht?

»Lügenbaron«, »ich beweise, dass es erst kürzlich geschrieben wurde, er geht ins Gefängnis« – oder »eine Fälschung und nicht besser als Hitlers Tagebuch«. So und so ähnlich lauteten Reinholds Tiraden in der Weltpresse.

Ich werde öfter gefragt, warum ich solche Unterstellungen und Beleidigungen nicht zur Anzeige brächte. Warum sollte ich? Derart bis zur Lächerlichkeit überzogene Anwürfe können nicht treffen, verfangen nicht, verletzen nicht einmal. Erkennbar unseriöse Behauptungen widerlegen sich zudem selbst, und außerdem bin ich kein Freund des Prinzips, Gleiches mit Gleichem zu vergelten.

Auf Grund der Unterstellung Reinholds, der erwähnte Tagebuchteil sei eine erst jüngst gefertigte »Fälschung«, hat mein Verlag ein Vergleichsgutachten von einem Schriftsachverständigen des bayerischen LKA erstellen lassen, welches aussagt, dass das Geschriebene mit an Sicherheit grenzender Wahrscheinlichkeit (99,99%) nicht aus den letzten Jahren stammen kann.

Auf Anfrage habe ich die beiden strittigen Tagebuchseiten inzwischen, wie schon erwähnt, dem Gericht übergeben. Da mein Verlag für dieses Gutachten den Auftrag erteilt hatte, wollten die Richter noch ein zusätzliches mit gerichtlicher Wahl des Gutachters fertigen lassen. Warum auch nicht? Jedes Labor, jede noch so penible Untersuchung soll mir nur recht sein.

Sonstige zielführende Untersuchungsmethoden/-techniken zur Altersbe-
stimmung der aktuell zu prüfenden Schreibleistungen sind nicht bekannt.
Diesbezüglich wurde auch ein Sachverständiger für spezifisch urkunden-
technische Fragestellungen (Papier, Druck, Bleistift) befragt.

Resultat

Die zusammenfassende Bewertung der Befundsituation führt schließlich zu
folgenden Aussagen:

Die als strittig untersuchten, unpräzise auf den „4.7." usw. datierten Tagebuchaufzeichnungen, (X), sind von der Vergleichsperson, Herrn Max-
Engelhardt VON KIENLIN,

mit an Sicherheit grenzender Wahrscheinlichkeit

nicht erst in jüngster Zeit, Schriftproben (V 5) – (V 8), aus 2002 bis 2004,
angefertigt worden.

Die strittigen Tagebuchaufzeichnungen lassen sich vom grafomotorischen
Schriftbild her zwanglos den Kalendereintragungen (V 1) aus 1970 zuord-
nen. Daher stammen sie

mit leicht überwiegender Wahrscheinlichkeit

auch aus dieser Zeit.

Das Ergebnis des Gutachtens eines Schriftsachverständigen zur
Entstehungszeit meiner Tagebuchaufzeichnungen

Inzwischen liegt auch das umfangreiche Gutachten der beiden gerichtlich beauftragten sachverständigen Damen vor. Sie kommen zum gleichen Ergebnis. Das angezweifelte Blatt meiner damaligen Aufzeichnungen kann nicht aus den letzten Jahren stammen, wie unterstellt wurde.

Übrigens wollten die Richter, sehr zum Bedauern von Reinholds berühmtem Medienanwalt Prinz, die fragwürdige Geschichte mit dem anno 2000 im Diamirtal aufgefundenen Wadenbein, das nach Jahren plötzlich zu Günther gehören sollte, nicht in ihre Überlegungen einbeziehen. Das ist nun der so genannte »Stand der Dinge«.

Das Ende dieses Prozesses ist zeitlich noch nicht abzusehen. Hans Saler hat im Rechtsstreit um sein Buch »Zwischen Licht und Schatten« anders agieren lassen. Nicht der Hauptprozess, sondern nur die Einstweilige Verfügung wurde behandelt, wobei andere Beweisführungen gelten. Ein rein formaler Umstand! Er verlor schließlich neun von elf Verbotspunkten, die von den ursprünglich 24 Anträgen verblieben waren – ein schaler Sieg für den Angreifer. Vier nebensächliche Aussagen wurden von Salers Seite schon anfänglich freiwillig zurückgenommen, unter diesen die unzutreffende Automarke und die falsche Reihenfolge der Geschwister – bedeutungslos für den eigentlichen Sinn und Inhalt seines Buches, also reine Optik und Kostensache.

Das ganze Prozessvorgehen dient wieder einmal hauptsächlich der Schau. Jeden gewonnenen Punkt wird sich Reinhold an die Brust heften wie einen Pour le mérite.

DER »POLARISATOR«

Der 4. Oktober 2001 ist ein Donnerstag. Auf der Praterin-sel in München wird eine Biografie über Dr. Karl Maria Herrligkoffer zu dessen zehntem Todesjahr vorgestellt. Der Untertitel lautet: »Besessen, sieghaft, umstritten« – Worte, die wie ein Menetekel für Kommendes klingen.

Vorab nichts Außergewöhnliches. Eine Veranstaltung des Deutschen Alpenvereins, wie andere auch. Der Autor ist zwar unbekannt, aber Reinhold Messner, der berühmte Bergstei-ger, präsidiert, stellt das Buch vor, zu dem er ein positives Vor-wort geschrieben hatte und auf dessen Cover ein Foto von ihm zu sehen ist. Dies lässt den Schluss zu, dass er mit dem Inhalt konform geht, in dem zwar recht fragwürdige Be-hauptungen stehen, das aber noch kaum jemand gelesen hat. Es herrscht gute Stimmung, denn der tote Organisator vieler Himalajaexpeditionen war schließlich der Erzfeind Reinholds gewesen, hatte ihm seine Erzählungen vom gemeinsamen Abstieg mit dem Bruder über die Diamirflanke des Nanga Par-bat 1970 nie geglaubt, hatte Reinholds Buch darüber, »Die rote Rakete«, gerichtlich verbieten lassen, hatte dessen Straf-anzeigen wegen fahrlässiger Tötung und unterlassener Hil-feleistung mit Erfolg abgewehrt, hatte alle Zivilprozesse ge-wonnen und dem aufstrebenden jungen Bergsteiger immer wieder durch Veröffentlichungen zu schaffen gemacht. Vie-le Attacken waren allerdings von Reinhold ausgegangen.

Das soll jetzt vorbei sein! Nun soll ein Schlussstrich gezogen werden. De mortuis nil nisi bene – über die Toten nichts außer Gutem. Gras soll endlich über die allzu scharfen Felskanten wachsen. Friede ist angesagt!

Das freut besonders die mitpräsidierenden Oberen des Alpenvereins, die stets bestrebt sind, der Öffentlichkeit ein Bild der Harmonie in der von Menschen durchzogenen Bergwelt zu vermitteln. Die Kamera läuft, um den erwarteten Friedensschluss für ewig festzuhalten. Da zieht plötzlich ein Gewitter auf. Aus heiterem Himmel verkündet Reinhold den Satz:

Und ich sage heute, das war nicht ein Herrligkoffer-Fehler, sondern das war eher ein Fehler der Teilnehmer, nicht ins Diamirtal zu gehen.

Das klingt nach neuer Schuldzuweisung, nach Kampfansage. Das Feindbild soll also nicht begraben, sondern nur ausgetauscht werden. Jetzt sind seine früheren Berggenossen im Kampf gegen den nun toten Erzgegner dran, Männer, die über 30 Jahre kameradschaftlich geschwiegen und kein böses Wort über den inzwischen berühmten Ex-Teamgefährten verloren hatten.

»Ja, ich polarisiere«, hat Reinhold einmal in einem Interview gesagt. In welchem Sinne will er denn polarisieren? Man kann eigenwillige Ideen, Grundsätze und Philosophien verkünden und dabei anderen Vorstellungen widersprechen. Das führt dann möglicherweise zu Diskussionen oder einem Meinungsstreit und kann durchaus fruchtbar sein. Persönliche Unterstellungen, Beschuldigungen und Diffamierungen haben mit diesem Begriff jedoch nichts zu tun, sie sind etwas völlig anderes.

Jedenfalls scheint an diesem Tag eine negative Quadratur mit Mars und Saturn die Sonne in Reinholds Horoskop zu verdun-

keln. Der »Polarisator« – gemäß seinem Missverständnis –
hatte zwar Konjunktur, aber der Mensch Reinhold eine be-
trübliche Schwäche gezeigt, die leider anhielt.

Dass jedem einmal ein böses Wort, ein im Grunde unge-
wollter Satz entschlüpfen kann, ist bekannt. So etwas wäre
noch heilbar. Eine kurze Beschwichtigung, die Erläuterung,
dass dies nicht so gemeint war, ein erklärender Einschub oder
gar eine freundliche Entschuldigung, und die hässliche
Unterstellung wäre aus der Welt gewesen. Nichts über Reinhold, das seinem Ruf als verantwortungsbewusster Mann hätte abträglich sein können, wäre in Presse und Büchern erschienen. Aber das Gegenteil geschieht.

Zwei Teamgefährten aus der Expedition 1970 sind anwesend: Gerhard Baur und Jürgen Winkler. Im murrenden
Publikum melden die beiden sich umgehend zu Wort und
wollen diese Schuldzuweisung auch für abwesende oder
tote Kameraden nicht hinnehmen. Sie widersprechen dieser Verleumdung mit Nachdruck. Aber der grundlos hoch-
fahrende Ehrengast auf dem Podium setzt noch einen
drauf:

*»Einige, älter als ich, hatten ja nichts dagegen, dass die beiden
Messner nicht mehr auftauchten, und das ist die Tragödie.«*
Das ist die Höhe! »Einige, älter als ich ...?« Wer kam denn da
in Frage? »Einige«? Das sind nach allgemeinem Verständnis
wenigstens mehr als zwei.

Reinhold war damals am Nanga Parbat fast 27 Jahre alt. Herrligkoffer (damals 54) war ja eben von ihm freigesprochen
worden. Michael Anderl (damals 55), Karls braver, manchmal etwas pedantischer, aber gutmütiger Intimus, der wohl
das Pech hatte, versehentlich die rote Rakete abgefeuert zu
haben? Der doch wohl auch nicht, weil er ja quasi mit Herrligkoffer in einem Boot saß.

Dr. Hermann Kühn (damals 31)? Der hatte sich in der Wand nur zu Gunsten anderer, auch Reinholds, bis zur Erschöpfung abgearbeitet und war ein ehrlicher, allgemein beliebter Kamerad, der keinem auch nur den kleinsten Nachteil hätte wünschen können. Er gehörte nebenbei zu denjenigen, die sich in der Öffentlichkeit zur Zeit der erwähnten Prozesse mit dem Teamleiter für Reinhold eingesetzt hatten. Er stürzte 1988 tödlich ab.

Jürgen Winkler vielleicht? Der war nur vier Jahre älter als Reinhold. Der Fotograf der Expedition war immer vorsichtig auf Gerechtigkeit und Harmonie bedacht. Er kam für diese Unterstellung wahrlich nicht in Frage.

Die restlichen Gefährten waren fast alle etwa gleich alt oder jünger als Reinhold, also verblieben nur noch Felix Kuen (damals 34) und ich (damals 36).

Ich war zu dieser Zeit unzweifelhaft der beste Freund der Brüder Messner, was jeder im Team wusste, und wünschte nichts mehr als deren gesunde Rückkehr, weshalb ich im Hinblick auf diesen bösen Wunsch wohl kaum ernsthaft gemeint sein konnte.

Bleibt nur noch der längst tote Felix, dem hypothetisch eine missgünstige Gesinnung hätte unterstellt werden können, da er sich fraglos in einer gewissen Konkurrenzsituation zu Reinhold befand. Aber auch Felix war trotz seines Ehrgeizes und einer gewissen Introvertiertheit, die ihm mitunter als Sonderlichkeit ausgelegt wurde, stets ein guter Bergkamerad und dachte nicht im Traum in derart abscheulichen Kategorien. Ganz abgesehen davon hätte ihm der Tod der beiden Messnerbrüder ja nicht den geringsten Vorteil bringen können. Er hatte von dem Rufkontakt an der Merklrinne mit Reinhold und vom Gipfelerfolg der Brüder berichtet und konnte nach dem Wiedersehen mit Reinhold noch nicht mit dessen späteren massiven Vorwürfen und Unterstellungen rechnen.

Aber warum bemühe ich mich hier um solche Details? Kurze Zeit später verkündet Reinhold die Maxime: »*Alle meine Kollegen von damals wünschen mir den Tod*« (in *Das Magazin*, Oktober 2002). Zuvor schon hatte er wütend von einer »Münchner Mafia« phantasiert, von der keiner von uns auch nur etwas ahnen konnte, weil so etwas nicht existierte.

Viele von Reinholds Fans betonen immer wieder, dass man dem in großer Höhe beeinträchtigten Extrembergsteiger doch Fehlleistungen nachsehen müsse. Ja natürlich, dort oben schon, aber München liegt nur gute 500 Meter über dem Meer und da gelten ganz normale Bedingungen für jeden!

Dass einige der so unsanft Beschuldigten sich nun auch in der von Reinhold gewählten Öffentlichkeit wehrten, zuerst noch zögerlich beschwichtigend, aber nach dessen immer böser eskalierender Miesmacherei auch deutlicher werdend, darf doch niemanden wundern. Wenn er zudem das Gerücht in die Welt setzt, wir hätten ihn gar des »Brudermordes« bezichtigt, dann muss er auch die Konsequenzen für diese Verleumdung tragen.

Mit seinen durch nichts begründeten und völlig unnötigen Attacken hat Reinhold Messner an diesem 4. Oktober 2001 wieder einmal ein neues Kapitel seiner Laufbahn eröffnet. Keine der fraglos vorhandenen Möglichkeiten zur Eindämmung der von ihm losgetretenen Streitlawine hat er genutzt. Ganz im Gegenteil! Er hat, wo nur möglich – und dafür standen und stehen ihm alle Medien viel mehr als anderen zur Verfügung –, jeden noch so sachlich argumentierenden Kritiker stets aufs Neue beschimpft und mit schlimmsten Ausdrücken beleidigt.

In schlauer Erkenntnis für öffentliche Meinungsbildung hat Reinhold immer wieder mit publizistischem Erfolg den Hergang des Zwistes umgedreht und sich zum Opfer einer Neidkampagne und eines Rufmordes erklärt und dies so oft wiederholt, dass es inzwischen vielfach geglaubt und weiter verbreitet wird – ein propagandistischer Trick, der schon immer funktioniert hat.

»Warum trübst du mir das Wasser«, sprach ärgerlich der Wolf zum Lamm, das unterhalb von ihm am Bache stand. Als das Lamm dann auf diese Tatsache hinweist, wird es gefressen. Man widerspricht Wölfen nicht. Wir sind keine Lämmer und brauchen auch kein Mitleid, aber die Bereitschaft zu gerechter Betrachtung und Beurteilung reklamieren wir schon.

Es ist eine Erfindung, dass in meinem Buch »Die Überschreitung« oder auch in Hans Salers Buch behauptet wurde, Günther könne keinesfalls auf der Diamirseite gestorben sein und sein Leichnam *müsse* also auf der anderen Seite liegen. Vielmehr steht in dem Kapitel »Tote im Berg« meines Buches (1. und 2. Auflage, Seite 269; ab 3. Auflage Seite 273) als eine mögliche Folge verschiedener Hypothesen, die sich ansonsten alle mit dem Tod Günthers auf der Diamirseite befassen, lediglich: »*Wenn* Günther erschöpft bei seinem Alleinabstieg links des Südgipfels abstürzte, so fiel er nicht in den Bereich der Aufstiegsroute der Rupalsüdwand, sondern in die Couloirs der weiter östlich gelegenen Hänge ...«

Reinhold hat aus diesem hypothetischen Hinweis eine feste Behauptung konstruiert und die gesamte Thematik auf eine simple Unwahrheit reduziert, nämlich die: Fände sich Günther auf der Rupalseite, hätten die anderen recht, findet er sich jedoch auf der Diamirseite, dann hatte immer er in jeder Weise recht und die anderen sind Lügner, Betrüger, ja Verbrecher und Rufmörder.

Diese vehement verkündete populistisch verfälschende Simplifizierung hat nichts mit meinen ernsthaften Beschreibungen der Vorgänge am Nanga Parbat zu tun, soweit diese erwiesen sind, und auch nichts mit den auf Reinholds diversen Aussagen basierenden hypothetischen Überlegungen, die als solche gekennzeichnet sind.

Dass wir ihm die Schuld am Tode Günthers gar im Sinne einer strafrechtlicher Bewertung angehängt, ihn also sogar des Brudermordes verdächtigt hätten, ist eine weitere Unterstellung, Unwahrheit und Erfindung. In meinem Buch, in Interviews und sonstigen Veröffentlichungen wird von mir vielmehr immer wieder betont, dass Reinholds Verhalten im Zusammenhang mit Günther nicht die Ursache unserer Kritik ist, sehr wohl aber möglichst objektiver Erwähnung bedarf. Natürlich hatte *er* und eben nicht *wir*, wie seine Vorwürfe implizieren, die Verantwortung für den Bruder. Das musste klargestellt werden, und oft genug hat er dies ja selbst einräumen müssen. Aber keiner seiner Teamgefährten hat ihm je den Tod Günthers zum eigentlichen Vorwurf gemacht, nicht einmal Herrligkoffer.

Man spricht oft von Reinholds Trauma in Bezug auf die Ereignisse um den Tod Günthers. Mag sein, dass dies in Maßen hinzukommt. Aber der selbst ernannte »Polarisator« geht auch durchaus mit wohlüberlegtem Kalkül an die Probleme heran. Es kommt ihm gar nicht in erster Linie darauf an, ein paar Hundert gescheite Leute von sich zu überzeugen. Die können nach seinem Dafürhalten behaupten, was sie wollen. Vielmehr geht es ihm um das Massenpublikum, das die Thematik nur am Rande versteht, aber bewundernd auf ihn hört, seine vereinfachten Doktrinen hinnimmt, seine Bücher kauft und seine Vorträge besucht. Der Rest zählt nicht, auch wenn dieser sachkundiger sein sollte. Einschaltquoten, Konsumverhalten, PR, das sind die modernen Maximen, die Erfolg garantieren, und nur dieser zählt.

Seit damals, als der verletzte Held einer Erstüberschreitung dieses Schicksalsberges vor allem den Mitleidsbonus für sich nutzen konnte, weil ihm der Verlust des Bruders stets als *sein* erlittenes, unvermeidliches Trauma zugute gehalten wurde, worunter er trauernd zu leiden hatte, sucht er die von Günther auf sich selbst übertragene Opferrolle wieder und wieder neu zu gestalten und zu nutzen, wobei natürlich jeder, der sich gegen seine Angriffe auch nur wehrt, ein herzloser Verleumder sein muss, der seine Trauer beleidigt. Dass in Wahrheit Günther das um sein junges Leben gekommene Opfer ist, fällt der Vergessenheit anheim, und auch der Schmerz der Eltern damals erscheint vergleichsweise nebensächlich.

Deren leicht vorstellbarer Wunsch hinsichtlich der Verfügung über den Leichnam des Sohnes ist ebenfalls kein Thema. Statt dessen wird eine überwiegend exotische Zeremonie inszeniert und mit begleitendem Selbstmitleidskult für Reinhold an die Öffentlichkeit getragen, bei der auch fast alles, was seriös für oder wider die wahre Identität des Toten sprechen könnte, in Rauch aufgeht.

Und wie will jemand – noch dazu ein Laie für derartige Feststellungen – nach 35 Jahren an den von Gletscherbewegungen entstellten sterblichen Überresten erkennen wollen, wie ein Toter ums Leben kam, dessen Kopf noch dazu unauffindbar ist? Nichts als Theater!

In Interviews, Berichten und Vorträgen hatte Reinhold immer wieder behauptet, die Lawinengeschichte stamme von mir. In diesem Zusammenhang muss ich das einfach nochmals wiederholen. Ohne Umschweife holt der wegen des neuerlichen Fundes erneut um Mitgefühl Werbende nun zum triumphierenden Schlag aus, wenn auch der Hintergrund der Vorwürfe an den Haaren herbeigezogen ist. Jetzt soll erwiesen sein, was vor zwei Jahren das einzelne Wadenbein noch nicht zufriedenstellend beweisen konnte. Die anderen sind jetzt endgültig als Lügner und Verbrecher entlarvt. Nicht genug damit. Im Magazin *News* – Wien – versteigt er sich in einem Interview zu der vergleichenden Darstellung: *»Diese Menschen haben es mit mir gemacht wie die Deutschen mit den Juden – no difference!«* Eine Steigerung an wahnwitzigem Selbstmitleid, Selbstüberschätzung und Realitätsverlust ist kaum vorstellbar. Damit aber ist er einmal mehr einen großen Schritt zu weit gegangen und hat erneut Grenzen überschritten, die von den Regeln des Anstands gezogen werden.

In Wahrheit hat keiner Reinhold Messners Ruf mehr beschädigt als er selbst durch seine Reden und Anwürfe. Niemand hatte zuvor sein Verhalten als Bergsteiger – auch nicht im Zusammenhang mit dem Brudertod – verurteilt. Das ist Erfindung. Wohl aber hat man sein Verhalten vor allem jenseits der Gipfel, Höhen und Weiten kritisch hinterfragt – und das mit Recht, heute umso mehr. Sein Verlust an Reputation ist ein Suizidfall, es ist Rufselbstmord.

DAS BRANDOPFER

Man stelle sich vor: Reinhold begegnet nach 35 Jahren erneut dem Bruder. Das hätte ein großer Augenblick und ein Hintergrund für eine einmalige Möglichkeit werden können, mit diesem Toten auch die ganze unschöne Auseinandersetzung zu begraben. Reinhold hätte ausnahmsweise einmal kein Wort gesprochen, hätte eine Weile in glaubwürdiger Erschütterung verharrt. Dann hätte er alle Überreste, wie zuvor angekündigt, in einen Sarg gelegt und diesen selbst nach Villnöss verbracht. Für alle Fälle hätte er rechtzeitig die zuständigen Behörden und zwei offiziell anerkannte Sachverständige für forensische Beweise hinzugezogen.

Zur Beerdigung und Trauerfeier in Villnöss hätte er sodann auch seine Widersacher eingeladen. Wohl alle wären gekommen, da bin ich mir sicher. Wir hätten uns vor dem Grab verneigt und Reinhold die Hand zur Kondolenz gereicht. Was sonst? Nachtreten? Kleinlich herum argumentieren? Niemand von uns würde sich auch nur Ähnliches erlaubt haben.

Nein! Am Grab des toten Freundes und Bruders hätte das ein einmaliger Moment der Wiedergewinnung des gegenseitigen Respekts und der allseitigen Achtung werden können. Hof des Friedens, Friedhof. Die Welt hätte ihren erfolgreichen Bergsteiger zurückbekommen, und die Presse hätte nicht gewagt, kleinliche Fragen zu stellen oder gar bissige Berichte –

Die Pakistanis, die die menschlichen Überreste fanden, die Günther zugeschrieben werden. Vor den Füßen des rechts Stehenden der Stiefel

gleich zum Nachteil welcher Seite – zu schreiben. Schweigen wäre Gold gewesen! Aber manchmal ist Reden nicht einmal Silber, sondern Blech.

Was geschah denn aber wirklich? Die nun schon hinlänglich strapazierten Leichenteile wurden erneut verlagert. Diesmal an einen Ort etwa 200 Meter unterhalb des erwähnten Campplatzes. Mit Ausnahme eines einzelnen Stiefels wurde nun alles noch Vorhandene auf einem Scheiterhaufen verbrannt. Eine gute Chance für Frieden und Schlusspunkt in dieser traurigen Berggeschichte wurde nicht nur vertan, schlimmer als das. Der Trauer gebietende Vorgang wurde von Reinhold unmittelbar darauf zu einer Orgie der Beschimpfung und lächerlichen Rechthaberei missbraucht, der letzte vorstellbare Wunsch Günthers gar nicht erst hinterfragt. Ein Toter ist kei-

Reinhold und seine Begleiter beim Aufschichten des Scheiterhaufens, auf dem die Überreste der Leiche verbrannt wurden

nes Menschen Eigentum, auch nicht das des Bruders. Inwieweit dieser Vorgang die dortigen Gesetze verletzte, mag dahinstehen. Hätte er den Leichnam aus dem Land schmuggeln müssen, um ihn nach Hause zu bringen, unwahrscheinlich zwar, aber denkbar, man würde das auch hingenommen haben. Den Vorgang mit dem Wadenbein jedoch wohl kaum, weil es ja anfänglich nicht Günther zugeordnet und nur wie ein Souvenir behandelt wurde, bis man es brauchen konnte. Jetzt liegt diese mehr als fragwürdige Fibula im Familiengrab, und der Großteil des Leichnams wurde als Asche in fernem Land herumgestreut. Was würden die Eltern dazu sagen? Was würde Günther selbst dazu sagen?

»Die Verbrennung dieser Überreste hat jede Möglichkeit einer eindeutigen Identifizierung zerstört.« So ein Ermittler der

US-Staatspolizei. Ein Sprecher der pakistanischen Botschaft sagte dazu, dass menschliche Überreste, ob christlich oder muslimisch, in seinem Land nicht verbrannt werden dürfen. Pakistanische Buddhisten, in deren Religion das Einäschern Brauch ist, müssen ihre Toten von Pakistan nach Thailand, Bangladesh oder in andere Länder ausfliegen lassen, um eine Verbrennung zu ermöglichen.

Man stelle sich umgekehrt vor, ein pakistanischer Bergsteiger würde am Fuße des Eiger die Leiche seines Bruders verbrennen! Jedenfalls hat sich Reinhold über jedwedes Gesetz hinweggesetzt, jenseits der Frage, ob es nun wirklich Günthers Überreste waren, die verbrannt wurden.

Menschliche Knochen sind nicht leicht zu verbrennen. Sie müssen über einen längeren Zeitraum relativ hoher Hitze ausgesetzt werden, um zu Asche zu werden. Üblicherweise wird dieser Prozess im starken Feuer eines Krematoriums vollzogen, wobei das Körperfett eine zusätzlich konstante Heizleistung erbringt. Ausgedörrte Knochen sind hingegen, besonders im Freien, nur schwer völlig einzuäschern, und es bedarf dazu mehr als nur eines hölzernen Scheiterhaufens, nämlich ordentlicher Mengen Benzin oder Kerosin. Der Brand muss also recht gut vorbereitet gewesen sein.

Eindeutige Beweise, dass der verbrannte Tote wirklich Günther war, gibt es nicht und wird es nie geben. Von einem DNA-Bericht wird natürlich geredet, wenn auch weniger als seinerzeit bei dem höchstwahrscheinlich fremden Wadenbein. Reinhold weist auf den Stiefel hin und spricht von »Beweisen«, die jedoch forensisch nie einwandfrei gewertet werden können. Letzte Zweifel bleiben nun für immer.

Man könnte argumentieren, dass der Umgang Reinholds mit den aufgefundenen Resten eines Toten fast als Indiz dafür gesehen werden müsste, dass sie nicht vom verschollenen Gün-

Der lodernde Scheiterhaufen

ther stammen können, denn so geht ein seriöser Mensch aus einem Kulturland doch eigentlich nicht mit seinem toten Bruder um, und die gesamte Art des Verhaltens widerspricht jedem guten Stil. Reinholds in Jahrzehnten entwickelte Methode, seine Medienpräsenz mit teils aufreizender Demagogie zu forcieren, ist fast bewundernswert zu nennen. Dass sich ihm dabei dann immer mal wieder plötzliche Funde – auch der »Ötzi« ist dabei zu erwähnen – quasi in den Weg legen, mag Zufall sein, erscheint aber in der Häufung zumindest merkwürdig. Als Begründung für die Totalverbrennung gab Reinhold Folgendes an: »Ich wollte Missbrauch ein für alle Mal ausschließen. Es gab schon genug kriminelle Energie meiner Gegner. Ich will nicht, dass jemand die Leiche ausgräbt und verlegt.« (*Münchner Merkur*, 17. Oktober 2005) Bei diesem Ausspruch habe ich erstmals wirklich an seinem Verstand gezweifelt. Nehmen wir einmal an, irgendjemand oder gar einer von uns hätte die unterstellte kriminelle Energie, eine im Diamirtal frisch aufgefundene Leiche, bei der es sich um die sterblichen Überreste Günthers handeln könnte, zur Rupalseite transportieren zu lassen, um im Sinne der ja falsch interpretierten Wirklichkeit Recht zu haben. *Nach der vielfach bezeugten Besichtigung dieses Toten mit Fotografien und so weiter* wäre eine solche Handlungsweise nicht mehr kriminell, sondern nur noch wahnsinnig blind und dumm zu nennen – »hirnrissig«, wie Reinhold es bezeichnen würde. Niemand hat zudem in den Bereichen des Nanga Parbat mehr Kenntnisse, bessere Beziehungen und Einfluss durch Präsenz und Spenden als Reinhold selbst, in dessen Auftrag die Finder ja unterwegs gewesen sein sollen und die wohl auch dann die beschriebenen Verlagerungen der Leichenreste vornahmen.

Es darf deshalb nicht verwundern, wenn sich die seltsamsten Überlegungen geradezu aufdrängen, vor allem ob Reinholds Unterstellungen gegenüber seinen Kritikern bezüglich einer höchst befremdlichen Idee im Umgang mit einem Leichenfund, die möglicherweise gar nicht nur seiner Phantasie entspringen müssen. Honni soi qui mal y pense. Wer anderen derart hinterlistige Absichten zutraut, hat sich selbst mit solchen zumindest gedanklich im eigenen Interesse bereits beschäftigt! Die eigenartige an Gewährsleute gegebene Order, deren gesamten Inhalt wir nicht kennen, die Leiche zu verlegen, begründet im Besonderen jede Skepsis. Insofern ist die totale Beseitigung des Toten geradezu fatal zu nennen, ganz abgesehen von dem bedauerlichen Umstand, dass damit alle anderen seriösen Möglichkeiten der Verifizierung endgültig verhindert wurden.

Zumindest eines der Wadenbeine hatte der neu gefundene Tote ja jedenfalls noch. Was hätte da beispielsweise näher gelegen, als wenigstens einen untrüglichen Vergleich mit der beerdigten Fibula zu präsentieren, um die zuvor so viel Aufhebens gemacht, um nicht zu sagen: mit der so viel Schindluder getrieben worden war! Gerade das war jedoch im Interesse von Reinholds genereller Glaubwürdigkeit offensichtlich unerwünscht.

Nun sind alle Beine verschwunden. Das mit hoher Wahrscheinlichkeit falsche Bein liegt im Grab in Villnöss, wenn man den Berichten glauben darf, und das andere – beziehungsweise die anderen? – sind verschwunden oder haben sich in Rauch aufgelöst. Mehr kann man nicht tun, um Presse und Allgemeinheit zu düpieren, aber auch um weiterhin »im Trüben fischen zu können«, um andere zu diffamieren. Auf das fraglos nun bald folgende Buch Reinholds und die darin enthaltenen »eindeutigen Beweise«, die sein Wunsch-

»Lak Yelo!«

konzept stützen sollen, darf man gespannt sein, oder vielmehr auch nicht, denn man kennt diese ja schon. Das »größte aller Verbrechen«, welches natürlich nur an *ihm* begangen werden kann, wird wortreich serviert werden.

Trotz der vielen offenen Fragen, die verbleiben, halte ich für ziemlich wahrscheinlich, dass die verbrannten Gebeine tatsächlich zu Günther gehört haben. Jedenfalls gehe ich derzeit davon aus und betrachte die Gegebenheiten dementsprechend. An etwas muss man sich halten, sonst hängen alle Argumente in einem ambivalenten Schwebezustand. Auch diese letzte Entscheidung zur Verbrennung der Reste des kleineren Bruders diente noch einmal zu einer großen Schau des berühmten Überlebenden. Reinhold ließ nach der Verbrennung Steine zu einer Art Denkmal aufschichten und gab Anweisung, gemeinsam mit ihm eine Hand voll Reis in die Luft zu werfen, wie bei amerikanischen Hochzeiten, mit dem Ausruf:»Lak Yelo – die Götter waren gnädig« – eine Art Happening mit Egoshow, exotisches Tamtam ohne Glaube, Pietät und Ernsthaftigkeit.

Ich hätte einen solchen Ablauf zuvor nicht für möglich gehalten und denke, das geht auch den meisten anderen so. Hätten sich Günthers Eltern, hätte er sich selbst ein solches Ende seines irdischen Daseins gewünscht? Wer fragt danach? Reinhold erkennbar nicht, der bei all dem nur seine Ideen und sein ganz persönliches Interesse wahrnahm.

Und was bleibt? Hochmut anstatt Achtung, Gipfelstolz anstatt Würde, Gleichgültigkeit anstatt Zuneigung, Heimlichkeit anstatt Offenheit, Krawall anstatt souveräner Ruhe.

Mein erster veröffentlichter Bericht 2002 endet mit dem Wunsch: »Gott aber gebe Günther die ewige Ruhe, wo immer er auch liegen mag.« Dieser Wunsch wurde in dem von mir gemeinten Sinne leider nicht erhört.

Am 22. Mai 2006 meldeten der *Focus* unter dem Titel »Fundgrube Nanga Parbat – Trauer für den Kinofilm« und daraufhin auch andere Medien, der Kopf Günthers sei gefunden worden oder auch, dieser solle »bei einer geplanten Expedition im Spätsommer 2006 geborgen« werden (*Berliner Zeitung*). Diese Ankündigung ist verbunden mit dem unmittelbaren Hinweis auf ein geplantes Filmprojekt des Erfolgsregisseurs Joseph Vilsmaier über die »Messnerstory«. Dieser hat scheinbar bereits präzise Vorstellungen davon, wie das Werk enden soll: In Anwesenheit einer trauernden Messnerfamilie wolle man, so der *FOCUS*, den Kopf Günthers im Diamirtal in Flammen aufgehen lassen. Die Kamera müsse

Ein Steinmännchen für die Legende im Damirtal

dabei respektvollen Abstand halten. So habe es Reinhold angeordnet.

Was an diesem neuerlichen Fund, der wieder einmal exakt auf das Timing von Reinholds Öffentlichkeitsarbeit abgestimmt scheint und seinem Bestreben entspräche, ein wirkungsvolles Epos seines Lebenswerkes zu inszenieren, wirklich stimmt, vermag – vorläufig jedenfalls – niemand zu sagen, allenfalls Reinhold selbst. Im Mai liegt im Gebiet des Nanga Parbat noch so viel Schnee, dass ein solcher Fund denkbar unwahrscheinlich ist. Könnte der Kopf Günters nun plötzlich präsentiert werden, würde das nichts anderes bedeuten, als dass er schon vor längerer Zeit entdeckt und der Öffentlichkeit vorenthalten worden wäre. Sollte sich diese Annahme bestätigen, würde die Tatsache allerdings an den beschriebenen Gesamtumständen nichts ändern.

Zweifel an der Seriosität dieses der Presse – von wem auch immer – gemeldeten Fundes sind allerdings erlaubt.

Wie auch immer, der einstweilen nur als Absichtserklärung existente nochmalige Feuerzauber zur Untermalung der verfilmten Messnerschen Heldensage würde einmal mehr dem vielfach würdelosen Missbrauch des toten Günther zur Imagepflege seines älteren Bruders Reinhold dienen. Man darf annehmen und auch hoffen, dass die Meldung wohl nur dazu gedacht war, den geplanten Film werbeträchtig anzukündigen und dass sich der Fund als »Ente vom Nanga« erweist.

REINHOLDS »WAHRHEIT« VOM ABSTIEG

Ein arabischer Herrscher hat einmal gesagt: »Ein Mann, der ganz lügt, verbirgt nur die Wahrheit, wer jedoch halb lügt, will täuschen oder weiß nicht mehr, was er sagt.« Eine kluge Erkenntnis.

»Beinahe ins Schwarze getroffen«, sagt man fast anerkennend in einem Grenzfall, aber es heißt auch: »Knapp daneben ist auch vorbei«. Im Sinne des Ergebnisses ist es vernachlässigbar, ob der Jäger sein Ziel nur knapp verfehlt oder gar nach einer anderen Richtung geschossen hat. Am Ziel vorbei ist es allemal.

Die Nuancen einer Darstellung, ein »beinahe richtig« oder »fast die Wahrheit«, bietet jedoch ein weites Feld für durchaus unterschiedliche Inhalte. Bei unklaren Umständen lässt sich so manches erzählen, was den Eindruck erweckt – um bei dem erwähnten Bild zu bleiben – der Schütze habe nicht gefehlt, nur das Gewehr sei nicht richtig justiert gewesen oder es habe gar ein anderer gestört. »Corriger la fortune« – »das Schicksal korrigieren« nennt das der Franzose.

Soweit dies ohne Nachteil Dritter geschieht, ist dieses Reden »pro domo« – »zum eigenen Vorteil« – noch entschuldbar, nicht aber wenn sich daraus ein Schuldvorwurf gegen andere entwickelt. Und genau das ist der Angelpunkt beim Thema Reinhold Messner! Was er damals am Nanga Parbat geplant hatte und warum und wie er dort dann entschied, mag dahinstehen und wäre seine Sache, hätte er dies nicht plötzlich auch zur Sache anderer, nämlich seiner Kameraden, erklärt. Was nach seinen Hinweisen die anderen hätten tun sollen, um Günthers und seine eigene Rettung zu ermöglichen, darum geht es!

»Warum diese Leute« – gemeint sind wir – »nicht Manns genug waren ...«, fragt Horst Höfler in seinem Buch über Herrligkoffer, das Reinhold mit seinem Vorwort an jenem 4. Oktober 2001 präsentierte. Und dieser kolportiert dies dann noch deutlich mit seinen Schuldzuweisungen. Das war die Geburtsminute der heutigen Auseinandersetzung.

Worum geht es ihm eigentlich? Er will Recht haben, immer Recht gehabt haben. Womit aber? Seine damals zurechtgezimmerte Version von Abstieg und angenommenem Brudertod im Tal unter der Lawine soll richtig und »bewiesen« sein und somit auch seine Unterstellungen, die anderen Expeditionsmitglieder hätten damals Fehler gemacht und zudem dann noch in ihren Berichten und Büchern Lügen verbreitet und Rufmord begangen.

Hier seine eigene Version in »Die rote Rakete« 1971, in der er gelegentlich von sich in der dritten Person, also von »Reinhold«, spricht, als schreibe ein anderer.

Er sei mit dem höhenkranken und geschwächten Günther bis zum Wandfuß gemeinsam abgestiegen, sei sodann an einem Plateau dem Bruder, der am »gefährlichsten Ort des ganzen Himalaja« (Reinholds spätere Definition!) kurz pausieren wollte, um etwa zwei Stunden vorausgegangen – »Günther kam nicht nach ... Günther wird schon kommen, dachte ich ... die ersten Lawinen donnern die Wände herab«. Dann habe er getrunken, sich gewaschen – »das tat wohl« – und ausgeruht. »Nach einer Stunde war Günther immer noch nicht da ... Reinhold ruft. Vergeblich.« Er zieht sich wieder an und macht sich auf die Suche. »Irgendwo musste Günther doch sitzen«. Er kehrt erneut zu seinen Sachen zurück und geht dann talauswärts. »Eine gute halbe Stunde ... auch da war er nicht«. Nun endlich geht er zu dem Plateau zurück, wo er Günther zuletzt gesehen hatte.

Nach all den beschriebenen Vorgängen mussten nun weit über sieben Stunden vergangen sein, wahrscheinlich um einiges mehr, denn nun »war die Sonne schon eine Weile untergegangen«, als er wieder talauswärts geht, ohne Günther gefunden zu haben. Dann sucht er weiter und ruft.

»Geh'n wir zwischen den Brüchen durch.« Das soll nach Reinhold der letzte Satz Günthers gewesen sein. Auch seiner eigenen Beschreibung zufolge hat er hier, wie stets, aber nur wieder nach eigenem Ermessen gehandelt.

Selbst wenn man diese Beschreibung als zutreffend akzeptiert, wird man sich darüber wundern, dass der doch schon erfahrene Bergsteiger den von Krankheit gezeichneten Bruder um Stunden zurückließ, als befände man sich auf einer gewohnten Tour in den mit Schutzhütten bestückten Alpen.

Immerhin könnte man dem ebenfalls von Anstrengung und Entbehrung beeinträchtigten »Überschreiter« dieses Verhalten irgendwie nachsehen, wenn es auch wahrlich nicht beispielgebend ist. Aber dann geht es weiter im Sinne seiner so vehement verteidigten eigenen Version.

In Reinholds erster Erzählung gegenüber Karl will er die Lawine, die Günther getötet habe, sogar gehört haben. Auch von Spuren in den Lawinenkegel war anfangs seinerseits schon einmal die Rede gewesen.

Dem Magazin *Focus* sagt Reinhold im Juni 2003 dann wieder: »Die Aussage, dass es eine Lawine war, die meinen Bruder begraben hat, war der Vorschlag von Max von Kienlin. Sein Rat war, bei dieser eindeutigen Antwort zu bleiben. Er hat mich damals gewarnt, es wäre ungeschickt, wenn ich sage, dass ich nicht jedes Detail kenne, wie mein Bruder ums Leben gekommen ist.«

Dies hat er nicht nur einmal wiederholt. Entsprechend seinen damals noch frischen Erinnerungen, über die er mit mir sprach, wusste er eben nicht, wie und wo Günther ums Leben kam, und ich vermag darin, dies entsprechend wiederzugeben, keinen Schuldhinweis oder gar Rufmord zu erkennen.

Dem Journalisten André Müller sagte er 1990: »Vielleicht ist Günther auch abgestürzt.« Welchen Grund sollte dieser haben, so etwas zu erfinden? Als Müller diese Aussage Messners dann später wiederholt, wird er als Lügner bezeichnet.

Aber manchmal drängt in Momentaufnahmen die unterdrückte Wahrheit auch bei Reinhold ans Licht. Im Februar 2004 überraschte er in einem teils recht widersprüchlichen Interview im englischen *Guardian* mit dem Satz: »I left my brother a bit below the summit, I looked up and he had disappeared. He was hidden behind a concave bulge in the snow. I was a little lower. By this stage I was crawling on my hands and knees.«

Demnach verließ er also seinen Bruder »etwas unterhalb des Gipfels« bzw. er ließ ihn zurück. Diese Aussage Reinholds deckt sich völlig mit unseren Annahmen! Etwas anderes haben auch wir nicht behauptet, und man muss sich fragen, worauf denn die ganze Aufregung überhaupt basiert.

In seinen Erzählungen vom gemeinsamen Abstieg bis ins Tal zeigte sich Reinhold wiederum durchaus nicht sicher, dass Günther tatsächlich von einer Lawine begraben wurde und mit Sicherheit tot sein musste.

In der 1981 erschienenen und von ihm autorisierten Biografie »Reinhold Messner« sagt er über seine Gedanken am Gletscher vor dem Lawinenkegel, als er Günther nicht fand: »Vielleicht war er in irgendeiner Richtung davongestolpert.« Demnach hätte Günther also in einem definierbar begrenzten Bereich des Tales durchaus noch leben, sich verirrt haben, in eine Spalte gestürzt oder irgendwo wartend eingeschlafen sein können.

Reinhold schrieb damals im Diamirtal einen Hilferuf, der zwei Jahre später dort von Einheimischen an ihn zurückgegeben wurde. Dieses Dokument wurde von ihm in dem Buch »Die weiße Einsamkeit« mit der darunter stehenden eigenen Übersetzung veröffentlicht. Es ist ohne Frage echt. Reinhold schrieb es am 2. Juli (versehentlich auf 2. Juni datiert) im Diamirtal in seinem damals schlechten Englisch, durchsetzt mit italienischen Brocken.

Diese Nachricht ist nie angekommen. Hätte sie damals Herrligkoffer erreicht, die Geschichte hätte einen anderen Verlauf genommen. Das Geschehen am Berg hätte sie nicht mehr beeinflussen können, denn bereits am nächsten Tag stießen wir ja sowieso auf Reinhold. Aber die Kenntnis dieses Dokuments hätte ihm seine Version des Hergangs schon damals wohl kaum ermöglicht.

Dieses seltsame Dokument zeigt uns einen Einzelgänger, der *seine* mühsam überstandene, betonte Erstüberschreitung ausschließlich im Singular mitteilt und auch nur für sich um Hilfe bittet, wobei er seine Lage dramatisch schildert. Wo aber ist auch nur mit einem Wort von seinem Bruder Günther die Rede? Anstatt von seinen Füßen oder von Bezahlung zu reden, hätte er doch einen kleinen Hinweis auf den erlebten Verlust des Bruders geben müssen!

Als uns Reinhold vor Gilgit wiedertrifft, schreit er mich zuallererst fragend an: »Wo ist Günther?« Und dies mehrmals vor Zeugen.

MESSNER REINHOLD
MEMBER OF THE GERMAN NANGA PARBAT EXPEDITIO

EPE - A. GELAS

J am in Diamar e non can go. J have force
the first ascension of Nanga Parbat per site Rupal e
ritearn per versant Diamar. Please port me pe elicopter
to Faram o. Gilgit. J am the foot caput ant
J finish in 1 r 2 dayp. The leader of the expedition, is
stang in bas-camp- Rupal, Dr Karl Herrligkoffer,
pay all.
Please me porter in securitat.

R. Messner

Diesen Hilferuf schrieb Reinhold Messner am 2. Juli. Seine eigene spätere
Übersetzung: »Ich bin in Diamir und kann nicht mehr gehen. Nach dem ersten
Aufstieg über die Rupalseite am Nanga Parbat bin ich über die Diamirseite
zurückgekehrt. Bitte bringt mich per Helikopter nach Faram oder Gilgit.
Ich habe kaputte Füße und sterbe in ein oder zwei Tagen. Der Leiter der
Expedition, Dr. Karl Herrligkoffer, hält sich im Rupal-Basislager auf und wird
alles bezahlen. Bitte bringt mich in Sicherheit.«

Stattdessen hätte er den Leader und uns alle doch mit geradezu verzweifeltem Engagement um Suche und Hilfe für
Günther bestürmen müssen. Nichts davon geschah.
Nein, Reinholds eigene Version des am Wandfuß zurückge-
lassenen Bruders, die er so wütend verteidigt, sie ist angesichts
seines Verhaltens beim Zusammentreffen mit uns völlig
unverständlich und noch dazu doch viel ungünstiger für seinen Ruf als unsere naheliegende Hypothese, dass er dem
angeschlagenen Günther den Abstieg in die einsame Dia-
mirwand doch wohl nicht hätte zumuten dürfen. Reinhold,

besser ausgerüstet und gesund, hat dieses Abenteuer ja selbst nur knapp überlebt, wie er doch dauernd betont.

Mir hat diese seine fragwürdige »Wahrheit« schon damals nicht gefallen, als ich ihn noch gegen alle Vorwürfe verteidigte. Ich fand, dass diese Geschichte einfach nicht gut war für sein Renommee. Aber er war davon überzeugt, dass sie glaubwürdig und günstig für ihn sei. Zu meinem Erstaunen hat ein überwiegender Teil seiner Leser diese Darstellung dann tatsächlich weitgehend kritiklos hingenommen. Der neue Bergheld hat seine Abenteuer so dramatisch geschildert, dass er damit jede Bereitschaft, Details zu hinterfragen, von vornherein erstickt hat. Nur wenige interessierten sich hingegen für die sachlich begründete, aber eben auch unspektakuläre Überzeugung Herrligkoffers, der Reinholds Erzählungen nie Glauben geschenkt hat.

Irgendwo habe ich in den letzten Jahren einmal öffentlich gesagt: »Wenn Reinholds Version vom Tod des Bruders unten im Diamirtal sich als richtig erweisen sollte, dann sind wir alle Schafsköpfe.« Natürlich habe ich dabei Reinhold mit eingeschlossen gemeint! Das scheint er – und manche andere – nicht erkannt zu haben.

In diesem Falle stünde nämlich fest, dass er sich damals bei seiner Rückkehr gegen jede dringend gebotene Notwendigkeit, Rücksicht und gesunde Lebenserfahrung verhalten und geäußert hätte und wir Teilnehmer – mit Ausnahme Karls – naiv genug waren, ihm dabei auch noch Glauben zu schenken. Soweit zu den »Schafsköpfen«.

Wo ist denn eigentlich das Problem für Reinhold, wenn er Günther mehr oder weniger weit oben aus den Augen verlor, wie er im *Guardian* ja einräumt, und dieser dann eben verunglückte oder einfach starb, wie doch angenommen werden muss? Wo ist da eine Verleumdung, wo ein Rufmord?

Ganz im Gegenteil. Es entlastet ihn vielmehr gegen den sonst doch begründeten Vorwurf, bei unserem Zusammentreffen nicht das Geringste veranlasst zu haben, den im Tal vermissten Bruder zu suchen und ihm vielleicht sogar noch helfen zu können.

Aber es geht ihm inzwischen allem Anschein nach nur noch um Rechthaberei und um den Triumph an sich, wobei er der Logik keinen Platz mehr einräumt. Entscheidend aber ist und bleibt, was Reinholds eigentliches Motiv für seine Überschreitung war. Alle damit verbundenen Konsequenzen ergeben sich aus dieser bedeutsamen Ursache, die den Hader eben auch begründete. Wo und wie Günther dann tatsächlich starb, ist in diesem Sinne nicht entscheidend und allenfalls im Detail eine Sache, die der Überlebende mit seinem Gewissen ausmachen muss. Er hat die Überschreitung jedenfalls entsprechend seiner Ankündigung ohne Wissen und gegen den Willen des Expeditionsleiters und mit guten Detailkenntnissen durchgeführt, wobei die unerwartete Anwesenheit Günthers beim Aufstieg zwangsläufig zum Problem werden musste.

Der bekannte Bergsteiger Hias Rebitsch, der Reinhold sehr zugetan war, hat schon im September 1970 in der Tiroler Tageszeitung geschrieben:

»Doch es war für ihn kein Gang in das völlig Unbekannte. Er wusste aus der Literatur in allen Einzelheiten um Mummerys beinahe geglückten Versuch, hatte den Verlauf seiner geplanten Route nach Fotos genau im Gedächtnis behalten. Die Überschreitung des Nanga war schon im Gespräch gewesen. Reinhold hatte sich gedanklich eingehend damit befasst.«

Reinholds Darstellung, er sei nur deshalb in eine Notlage gekommen, weil er nach dem Gipfelgang dem Wunsch Günthers gefolgt und in die Problemzone der Diamirflanke abgestiegen sei, ist eine Schutzbehauptung, wie in meinem ersten Buch ausführlich nachgewiesen wurde. Dieser angebliche Wunsch des jüngeren Bruders, nach der falschen Seite hin abzusteigen, ist nichts anderes als ein Ablenkungsmanöver von seinem zuvor schon erklärten Ziel, den Nanga Parpat zu überschreiten. Diese Tat machte ihn schlagartig berühmt, was auch vorhersehbar war. So musste einmal mehr der kleine Bruder für die große Ausrede herhalten.

sollte davon ablenken, dass sein Vorhaben, den Nanga Parbat zu überschreiten, von vornherein feststand. Reinhold konnte voraussehen, dass er damit schlagartig berühmt werden würde, und darauf kam es ihm an.

Nach Reinholds Wunsch und Willen soll nun also gerade die für ihn wohl schlechteste aller Versionen um den Tod Günthers als bewiesen gelten. Mit dieser seiner »Wahrheit« wird er dann nun auch leben müssen.

MEDIEN

Nach dem Lexikon bezieht sich der Singular »Medium«, von »medius« (mittlerer), in der Bedeutung Mittel, Vermittler, Versuchsperson – für Ton, Bild und Schrift im allein verwendeten Plural »Medien« – auf alle Informationseinrichtungen. Dieser Hinweis nur, weil in dieser Definition eben auch der Begriff »Versuchsperson« vorkommt, und es ist wohl eindeutig so, dass eine gegenseitige Nutzung und manchmal auch Benutzung zwischen Medien und den von ihnen behandelten Personen stattfindet, bei der jede Seite zu gewinnen hofft, also eine Art Symbiose.

Die Presse sucht und »versucht«, eine Person für einen Bericht – ob zum Guten oder Schlechten – zu verwenden in der Annahme und Hoffnung, dass diese Person in der Öffentlichkeit Interesse erweckt, was den Verkauf des betreffenden Produkts fördert. Aber umgekehrt versuchen nicht wenige Leute, die Presse wiederum für sich zu nutzen, weil ein durch diese hervorgerufener Bekanntheitsgrad beachtliche Vorteile zu bringen verspricht. Dasselbe gilt heute natürlich auch für Radio und Fernsehen.

Eine Expedition besonderer Art wurde in so manchen Fällen nicht um ihrer selbst willen unternommen, sondern hatte vor allem auch zum Ziel, danach vornehmlich dem Organisator und manchmal den abgekämpften Teilnehmern einen Platz in den Medien zu sichern. Dr. Karl Herrligkoffer war in

diesem Sinne ein geübter Spezialist. Schon vorab verkaufte
der nur in Theorie und Organisation bergerfahrene Arzt die
später erhofften spektakulären Berichte exklusiv an Maga-
zine, bevorzugt an die *Bunte*, wobei der bekannte Großver-
leger Franz Burda mit erheblichen Vorschüssen half. Man
muss dazu sagen, dass solche Unternehmungen ja auch ziemlich viel Geld kosteten und dafür kaum Sponsoren aus schie-
rem Idealismus zur Verfügung standen.

Karls Berichte nach der Expedition 1970 hoben, wie erwartet, seine eigene gute logistische Planung hervor und lobten
die braven Gipfelsieger Felix und Peter, die seine Anweisun-
gen glücklich befolgt und damit der ganzen Unternehmung
zum guten Erfolg verholfen hatten. Der tragische Teil mit
Günthers Tod wurde damals schon, bei aller sportlichen Wür-
digung der spektakulären Überschreitungstat, der disziplin-
losen Extravaganz Reinholds zugeschrieben, was ja nicht ohne Grund geschah.

Schon wenige Wochen nach der Rückkehr von der Expedition – Reinhold befand sich noch im Krankenhaus in Innsbruck – begann er, mal Karl und mal Felix zu unterstellen,
sie wollten ihm so etwas wie einen »Brudermord« anhängen.
Ich erinnere dabei an Reinholds Brief an mich vom August
1970 auf Seite 124. Diese Zeilen offenbaren, dass die Kontroverse, um die es heute geht, bereits damals in der Öffentlichkeit diskutiert wurde, wobei wir ihm schützend und
schweigend zur Seite standen. Danach bedurfte er unser nicht
mehr, und das war soweit in Ordnung. Aber seine Angriffe
haben wir nicht verdient.

Sehr schnell hatte Reinhold schon 1970 im Hospital begriffen, was die Presseberichte für ihn bedeuten, und er versuchte
sogleich vehement, sich selbst in den Medien in erwünschter Manier darzustellen, was ihm auch alsbald gelang, wobei

ihm unsere Bemühungen in der Öffentlichkeit wesentlich halfen.

Die irrtümlich im Basislager abgeschossene rote Rakete wurde nun von Reinhold zur entscheidenden Voraussetzung für alle folgenden Ereignisse hochstilisiert, was Karl verständlicherweise schadete und ihn zu höchst ärgerlichen Repliken zwang. Die daraus entstandenen Prozesse sind bekannt, in denen sich Karl, obwohl wir Reinhold nach Möglichkeit unterstützten, durchsetzte.

Tatsächlich hatte die rote Rakete aber nur sehr indirekt mit den folgenschweren Abläufen im Gipfelbereich zu tun, auch wenn sie als Auslöser zu wirken schien. Allenfalls legitimierte sie Reinhold abredegemäß zu seinem selbstständigen Aufbruch. Durch das allseits erkennbar gute Wetter verlor sie ansonsten ihre Bedeutung.

Man muss sich vorstellen, was passiert wäre, wenn eine korrekte blaue Rakete zum Himmel gestiegen wäre. Es wäre mit großer Wahrscheinlichkeit genau das Gleiche geschehen, denn Reinhold hätte wohl kaum abgewartet und zugesehen, wie Felix und Peter an ihm vorbei zum Gipfel stiegen, während er für deren sichere Rückkehr Haken für Seile in die Rinne hämmerte. Er wäre also höchstwahrscheinlich auch bei einer blauen Rakete zum Gipfelgang mit allen weiteren Zielsetzungen aufgebrochen, und folgerichtig wäre wohl auch Günther ihm nachgestiegen.

Da im Leben oft kleine zeitliche Verschiebungen ein Ergebnis ändern können, kann man natürlich nie genau sagen, was gewesen wäre, wenn ... Aber Reinholds nachfolgende eigenständige Entscheidung in der Gipfelregion war jedenfalls nicht mehr von der roten Rakete beeinflusst. Es ging und geht dabei ausschließlich um die dort entstandene Verantwortung, und damit hatte das falsche Signal vom Vortag überhaupt nichts mehr zu tun. Dessen Verwertung war nur ein wirkungsvolles Ablenkungsmanöver, wie das Gericht damals auch erkannte.

In Gilgit konnte sich Reinhold überhaupt nicht mehr an die Rakete erinnern, als ich ihn darauf ansprach. So wenig Einfluss hatte sie auf seine Entscheidungen gehabt. Vielmehr habe ich ihn darauf hinweisen müssen, wie er selbst in seinem ersten Buch schreibt, und er hat sofort begriffen, wie diese Information zu verwerten war, wobei er die Rakete sogar als Titel verwendete. Jedenfalls waren nach der Expedition die Medien stark an Reinhold interessiert, und er lernte bald, sich ihrer erfolgreich zu bedienen, wobei ihm vor allem klar wurde, dass nichts das Publikum mehr beeindrucken konnte als sein Leid. Damit öffnete er sich Herzen und Türen.

Dabei hätte es gerne bleiben können. Seine erstiegenen und erschriebenen Erfolge hat ihm keiner seiner früheren Kampfgenossen geneidet, weder seine Berühmtheit noch seinen beachtlichen materiellen Gewinn. Aber der inzwischen vom Erfolg Verwöhnte hatte plötzlich jedes Maß verloren und blies grundlos und unbeherrscht zur Attacke, ohne dass ein casus belli vorgelegen hätte.

Wie zuvor bereits erwähnt, wurde Reinhold nach Herrligkoffers Tod dank finanzieller Unterstützung dessen Nachfolger als Vorsitzender des »Deutschen Institut für Auslandsforschung«, was sich der alte Expeditionschef selbst in seinen schlimmsten Albträumen kaum hätte vorstellen können. Außer bestimmten Gerichtsakten sind alle Unterlagen, Filme und Fotos dieses Instituts gemäß rechtskräftigem Beschluss über das Münchener Alpinmuseum der Öffentlichkeit inzwischen kontrolliert zugänglich.

Im Jahre 2002 suchten dort Journalisten und wir Teilnehmer der Expedition von 1970 u. a. nach dem handgeschriebenen

Erstbericht Reinholds an Herrligkoffer vom August 1970. Obschon Originale niemandem mitgegeben werden dürfen, fehlte diese Unterlage. Nach langem Suchen fand sich zufällig wenigstens eine Maschinenabschrift des verschwundenen Originals.

Im Juni 2003 stellte Messner in Köln sein Buch »Die weiße Einsamkeit« vor. Presse, Fernsehen – und cholerische Wutausbrüche des Vortragenden. Und was sah man da plötzlich im Lichte der fokussierenden Kamera? Auf dem Tisch vor Messner lag, gut erkennbar, der handgeschriebene alte Originalbericht, der dem Institut abhanden gekommen war – ein wahrhaft erstaunlicher Vorgang!

Die Erfahrung mit dem Reinhold stets zugebilligten Mitleidsbonus hatte inzwischen seine Öffentlichkeitsarbeit geprägt und bestimmt auch heute noch sein Verhalten. In kaum einem seiner Bücher, Berichte oder Auftritte fehlt der eindringliche Hinweis auf seine physischen und psychischen Leiden, wobei der Tod seines Bruders immer wieder einmal in den Vordergrund gerückt wird – mit der Tendenz, dass nicht dieser an sich zu bedauern ist, sondern sein Schmerz um ihn.

In Maßen ist das nachvollziehbar, aber Reinhold hat daraus eine Methode kultiviert, die es ihm erlaubt, auch noch nach über 30 Jahren deswegen der Öffentlichkeit das Bild eines zutiefst leidenden Menschen zu präsentieren, woraus er wiederum für sich das Recht ableitet, aufgebracht und wütend jeden zu beschimpfen, der es wagt, damalige oder zwischenzeitlich entstandene Umstände um ihn sachlich zu beleuchten. Das gilt ihm als pietätlose Unverschämtheit.

Günther hat ihm auch heute noch als Garant für seine Unangreifbarkeit zu dienen, hat quasi Schildwache zu halten. Sein Tod wird jedem vorwurfsvoll vor Augen geführt, der sich gegen seine, Reinholds, unschönen Angriffe auch nur zu wehren wagt, und das geht bis zur Peinlichkeit. Er kann wie auf Kommando weinen und mit schriller Stimme seine Zuhörer verstummen lassen, wie z.B. im Juni 2003 in Köln bei einer seiner Buchvorstellungen. Wer da hart und sachlich bleibt, muss doch ein eiskalter, berechnender Zeitgenosse sein, der ihm nur »am Zeug flicken will« und sich aus Neid – warum auch sonst? – nicht an seiner Denkmalpflege beteiligen möchte.

Selbst diejenigen, welche die Fakten kennen und hinter die Maske schauen, denken zumindest an ein quälendes Trauma, das der jammernde Bergheld seit Jahrzehnten mit sich herumschleppen muss, weswegen ihm ein gewisses Verständnis letztlich doch nicht versagt werden dürfe – für ihn ein Freibrief für oft geradezu groteske Unterstellungen und Beleidigungen, etwa bei dem erwähnten Interview, in dem er die angeblichen Nachstellungen seiner Gegner mit dem Holocaust verglich.

Sind all diese exzessiven »Grenzüberschreitungen« wirklich die Folge eines traumatischen Erlebnisses, das Resultat eines missglückten Verdrängungsversuches? Oder ist Berechnung mit im Spiel? Jedenfalls bewegt er sich bei manchen seiner höchst fragwürdigen Äußerungen oft in der Nähe strafrechtlicher Bewertung, vermeidet jedoch geschickt in der Formulierung den juristisch relevanten Angriffspunkt, indem er bei der Definition der Gegner bei allgemeinen Formulierungen bleibt – »diese Menschen …« und Namen nur nebenbei einfließen lässt, so dass die Zielrichtung nicht eindeutig definiert ist, obschon natürlich jeder wissen soll, wen er meint. Also sind zumindest Berechnung und Kalkül mit dabei.

Anfang September 2005 tischte er vor laufender Kamera seiner im Diamirtal lauschenden Treckinggruppe eine handfeste

Lüge auf, indem er verkündete, Saler und ich würden behaupten, er, Reinhold, hätte uns persönlich anvertraut, dass er seinen Bruder zur Rupalseite zurückgeschickt habe. Nie hat einer von uns eine solche Aussage gemacht und er weiß dies genau. Auf diese Weise beeinflusst er oft erfolgreich sein Publikum, und immer wieder zieht das dann seine Kreise. Auch schafft Reinhold immer wieder einen völlig falschen Eindruck von den Umständen damals am Berg. Wahrheitswidrig und etwas hämisch behauptet er, die Mannschaft habe, während er und Günther um ihr Leben kämpften, »im Basislager entschieden«, dass die Brüder nicht mehr lebten, und daraufhin die Heimreise angetreten.

Wahr ist vielmehr, dass die meisten Teilnehmer immer noch auf die Rückkehr der Vermissten hofften und deshalb weitere Tage in der Steilwand verbrachten, um die Höhenlager mit Proviant und Sauerstoffgeräten zu halten – letztlich sogar gegen die Order Herrligkoffers. Wahr ist weiterhin, dass Hans Saler und Gerd Mändel noch unter hohem persönlichem Risiko in der Merklrinne nach den Brüdern Messner Ausschau hielten und riefen, während sich zumindest Reinhold bereits im Diamirtal befand.

Auch dachte keiner an eine Heimreise, sondern vorrangig daran, dass die einzige noch verbliebene Möglichkeit, etwas zu bewirken, nicht mehr auf der Rupalseite bestand, sondern allenfalls im Bereich der Bunar-Brücke und Richtung Gilgit. Dort konnte man versuchen, Einfluss auf Diamirai oder den Distrikt Chilas zu nehmen, wohin ja zuvor bereits durch unseren Begleitoffizier eine Nachricht gegangen war. Auf diese Weise stießen wir ja dann auch gerade zur rechten Zeit auf Reinhold, der sofort ärztlich behandelt werden konnte. Objektiv war überhaupt nichts Besseres möglich gewesen! Reinholds wiederholte Fehldarstellung zu diesen Vorgängen soll ja seine haltlosen Vorwürfe gegenüber dem Team begründen. Dann behauptet er wiederum, den Vorwurf der unterlassenen Hilfeleistung gegenüber dem Expeditionsteam nie erhoben zu haben. Das sei »Erfindung«. Tatsächlich hat er diese zwei Worte so nicht ausgesprochen, aber sein deutlicher Hinweis ließ schlicht keinen anderen Schluss zu. Es kommt doch auf den Sinninhalt einer Aussage an und nicht primär auf den juristischen Terminus. Das ist pure Wortklauberei.

Ich nehme Reinhold Messner in jeder Hinsicht ernst. Er verdient es ganz einfach, ernst genommen zu werden. Seine Leistungen in den Gebirgen der Welt, der gekonnte Aufstieg zum Medienstar mit Büchern, publikumswirksamen Vorträgen und sogar ein Sitz im Europaparlament – wer einen solchen Mann nicht ernst nimmt und ihm gar mildernde Umstände zubilligen will, der hat keine Menschenkenntnis.

Wir sollten überhaupt wieder lernen, unsere Mitmenschen ernster zu nehmen und nicht dauernd auf psychische Probleme und determinierende Hintergründe bei anderen und uns selbst hinzuweisen. Diese lassen sich ja immer so konstruieren, dass sie in letzter Konsequenz zur Generalabsolution für jede Verfehlung führen.

Auch der Begriff Charakter scheint manchmal ganz aus der Mode gekommen zu sein. In ihm stecken Willensfreiheit und Verantwortlichkeit, und ohne diese Eigenschaften brächen jede konstruktive Gemeinschaft, jede sinnvolle Zielsetzung, ja jedes Lob und jede Kritik in sich zusammen. Denn in völliger Abhängigkeit von Bestimmung können eben auch keine echten Verdienste erworben werden, da auch diese nur umständehalber zustande kämen.

Charakter bedarf keines Adjektivs, und Voltaire hat mit seinem Hinweis Recht, dass oft das Adjektiv der Feind des Substantivs sei. Zu sagen, jemand habe einen »guten« Charakter, ist eher eine Abschwächung. Man hat Charakter oder ist eben charakterlos. Das gleiche gilt für Stil und Geschmack, wobei über letzteren bekanntlich nicht gestritten werden kann. Wer also Verdienste reklamiert, muss diese auch abwägen lassen und Beurteilungen hinnehmen, sonst sind sie nicht werthaltig. Und wer andere gar hochmütig herabsetzt und beschuldigt, sollte auch Kritik ertragen können und nicht die Mimose spielen.

Ich hatte vor Jahren einmal einen Prozessgegner, der sich mit aller Härte vor Gericht durchzusetzen bemühte. In der Pause einer der Verhandlungen aßen wir gemeinsam in einem benachbarten Lokal und unterhielten uns zwanglos über Themen, die uns beide interessierten. Danach ging der Kampf im Saal wieder weiter.

Eine vergleichbare Verhaltensweise wäre bei Reinhold unvorstellbar. Er nimmt alles persönlich. Statt die sachliche Diskussion anzunehmen, unterstellt er dem Gegner Niedertracht. Er versucht nicht, einen Widerspruch mit rationalen Argumenten zurückzuweisen, sondern den, der widerspricht, zu »bestrafen« und zu demütigen. Er will Rache, Rache um jeden Preis.

Man kann aber leider nicht mit jemandem Florettfechten, der bei jeder Gelegenheit zur Mistgabel greift. Dieser Vergleich soll erläutern, in welche Lage der Dauerangreifer Reinhold Messner uns frühere Teamgefährten versetzt hat. Selbst nachlässige Zurückhaltung unsererseits wertet er als Schwäche oder gar Schuldbekenntnis. Insofern müssen wir nun einmal bei der Sache bleiben und können seine immer heftiger werdenden Beleidigungen nicht durch Appeasement aus der Welt schaffen. Das ist oft nicht leicht. Doch auch anderen geht es nicht besser. Ein Beispiel:

»Es gibt 700 000 Mitglieder im Deutschen Alpenverein, aber ich bin größer als sie alle.« Solche Behauptungen kann man nicht mehr toppen. Es darf zudem verwundern, wie nachlässig der DAV seine dergestalt kleingehackten Mitglieder schützt.

Wütend zitiert Reinhold nun einen Alpenvereinsobmann: »Das Denkmal bröckelt – Gott sei Dank, endlich!« Und dann seinerseits: »Jetzt drehe ich das um.« Dann kommt sein neuer Vergleich mit den Deutschen und den Juden: ...»no difference!«

Für das Alpenvereinsjahrbuch 2005 des DAV, das immerhin auf Dauer in den Bibliotheken steht, erlaubte man Reinhold in der Abteilung Forum einen Bericht einzubringen, den dieser dazu benutzte, unter dem Titel »Diese wunderbare Bergsteiger-Moral« in langatmigen Suaden seine Widersacher zu beschmutzen. Diesen kläglichen Rechtfertigungsversuch auf Attackebasis hier zu wiederholen, erspare ich dem Leser. Wer sich das zumuten will, kann ihn leicht finden. Nur zwei Einschübe erlaube ich mir zu zitieren.

Da nimmt der bergsteigerische Übermensch wieder einmal F. Nietzsche für sich in Anspruch: »Du zwingst viele, über dich umzulernen; das rechnen sie dir hart an. Du kamst ihnen nahe und gingst doch vorüber; das verzeihen sie dir niemals. Du gehst über sie hinaus; aber je höher du steigst, um so kleiner sieht dich das Auge des Neides.«

Oder:

»... in bestimmten Kreisen wartet man seit Jahrzehnten auf die Demontage des ›Königs der Berge‹.«

Nein, darauf haben jedenfalls wir wahrlich nicht gewartet. Ich habe mich, auch auf Wunsch meiner Kameraden, um eine Korrektur vieler falscher Unterstellungen gegenüber uns und anderen angegriffenen Personen im nächsten Jahrbuch

2006 bemüht und stieß zuerst auf grundsätzliche Bereitschaft bei den vermeintlich Verantwortlichen. Schließlich ist ein Forum nach allgemeinem Verständnis ein Diskussionsplatz, der ja nicht einer Stimme vorbehalten sein kann. Ich brachte also meinen Bericht ein. Zur Klarstellung musste ich erneut auf die an dieser Stelle schon beschriebene Entstehungsgeschichte des Streites hinweisen, wie zum Beispiel auch auf die berüchtigte Buchvorstellung 2001, die ich hier nur in Auszügen wiedergebe:

... Aber auch noch andere verdiente Bergsteiger waren ins Visier gekommen. Ein Gönner und Helfer in schwerer Zeit nach 1970, der Notar und Expeditionsleiter Paul Bauer, wurde nun noch als Toter zur Ordnung gerufen. Dessen Expeditionsverträge, so Messner, seien unmenschlich gewesen.

Jahrelang hatte Messner Paul Bauers Expeditionsverträge unterschrieben, akzeptiert und genutzt. Damals war der erfahrene Notar gut genug als Konkurrent gegen den nun befriedeten Erzfeind gewesen. Jetzt wird hochmütig kritisch auf ihn gezeigt.

Für diesen regte sich ad hoc keine Lobby im Saal.

Der berühmte Peter Aschenbrenner, Urgestein dramatischer Nanga-Expeditionen, der 1934 zusammen mit Erwin Schneider dort den höchsten Punkt (ca. 7600 m) erreicht hatte, habe, so Messner, als bergsteigerischer Leiter 1953 Hermann Buhl den Gipfelgang nicht erlauben wollen, um seinen eigenen Höhenrekord nicht von einem Landsmann brechen zu lassen.

In Wahrheit machte Peter Aschenbrenner 1953 die Übernahme der bergsteigerischen Leitung von der Teilnahme seines Landsmannes Buhl abhängig.

Aber auch der tote Aschenbrenner fand hier keinen Fürsprecher.

Das sind die Tatsachen, die in die Annalen der Jahrbücher gehören und nicht die kleinliche Streuung abwertender Unterstellungen.

Im Forum des Jahrbuchs 2005 des Alpenvereins steht nun, wie für die Ewigkeit geschrieben, ein Beitrag Messners, den jeder lesen kann. Vorwürfe, polemische Behauptungen, substanzlos, aggressiv. Als hätten andere nur Missgunst im Kopf. Er verunglimpft zudem schon in der ironisch zu verstehenden Überschrift nichts anderes als die von ihm seit Jahren belächelte Bergkameradschaft, der er selbst viel zu verdanken hat ...

... Die sicherste Befriedigung der Eitelkeit ist der Neid der anderen. Lob kann Täuschung sein, taktisch begründet, unzuverlässig. Aber der Neid anderer ist ein untrügliches Zeichen für den echten eigenen Erfolg.

Nichts ist schwerer, als den Höhepunkt des Erfolges, des erreichten Zieles, zu halten. Schönheit und körperliche Kraft sind einem natürlichen Prozess der Vergänglichkeit unterworfen. Meisterschaft, Goldmedaille, Welterfolg zu wiederholen oder gar zu halten, ist nicht vielen vergönnt. Anstrengungen und Entbehrungen werden immer härter empfunden, wenn der Glanz doch sowieso schon auf einem ruht. Der Zahn der Zeit nagt zusätzlich an den Kräften und der Genuss erreichter Annehmlichkeiten wird zum zusätzlichen Handicap. »*They never come back*« *ist einer der Erfahrungssprüche im Boxsport.*

Und dann ist da noch die böse, nicht ruhen wollende Konkurrenz, die sich zäh an die Fersen des Siegers heftet, bis irgendwann der Lorbeerkranz des einstigen Heros fahl wird und ein frischer andere Schläfen ziert. Wohl dann dem Altmeister, wenn er zur rechten Zeit den ewigen Gang der Dinge erkannt hat und nach neuen Ufern Umschau hält. Nicht aus Resignation, sondern aus souveräner Erkenntnis, aus reiferer Sicht. Und wenn man schon nichts Positives an Jugend und Nachwelt weiterzugeben hat, gibt es zur Erhaltung vergangenen Ruhmes noch ein sehr viel versprechendes Mittel: Schweigen. Nichts aber ist abträglicher, als dauernd über sich selbst und die eigene Glorie zu fabulieren ...

… Unvorhergesehene Umstände wie Wettereinbrüche, die Verfassung des Kameraden oder die eigene können lebensentscheidend sein, weshalb wohl in keiner Sportart Zuverlässigkeit und gegenseitiges Vertrauen eine so hohe Bedeutung haben wie beim Bergsteigen.

Deshalb hat sich im Laufe der Zeit eine Kultur der Bergkameradschaft entwickelt, haben sich viele Hilfsorganisationen etabliert und nicht zuletzt auch alpine Unternehmungen aller Art in der Literatur einen festen Platz eingenommen.

Unfaires, nachlässiges Verhalten bis zur unterlassenen Hilfeleistung haben im Gebirge viel einschneidendere Konsequenzen als auf jedem Sportplatz und schon das sensible Erspüren eines möglichen Leistungsabfalls des Partners muss das Signal für jede zu treffende Entscheidung sein. Das Leben hängt dabei oft am berühmten seidenen Faden.

»Und meine Alleinbegehungen?« höre ich da jemanden gereizt fragen. Ja natürlich, Respekt, alle Achtung! Aber auch diese waren nur durch die erlittenen Erfahrungen vieler Vorgänger möglich geworden, die in über 100 Jahren Alpinismus den Lernprozess an die jeweils nächste Generation weitergegeben haben. Vieles ist heute möglich, was früheren gleichwertigen Bergsteigern noch nicht möglich sein konnte …

… Dass Reinhold Messner zu den allerbesten Bergsteigern seiner Zeit gehört, muss ihm – wohlgemerkt neidlos – zugestanden werden. Dieser Ruf fällt keinem in den Schoß und wurde von ihm hart erarbeitet.

Allerdings gibt es weltweit auch andere herausragende Bergsteiger und Abenteurer, die in ihren Leistungen denen Messners nicht nachstehen. Im Gegensatz zu den meisten hat er jedoch stets besonders die zählbaren, statistisch erfassbaren Unternehmen angestrebt, die das Flair des Rekordhaften beinhalten und entsprechend darstellbar sind.

In der Medienauswertung vor allem eigener Leistungen war und ist Reinhold Messner wohl weltweit der gesamten Berg-, Eis- und Schneekonkurrenz haushoch überlegen und mit dieser Routine begründet sich auch im Besonderen sein Bekanntheitsgrad und fraglos auch eine gesunde materielle Karriere mit Wort und Bild in Buch, Presse und Fernsehen.

Er hat sich das ebenfalls verdient und soweit es um die Wahrung seiner legitimen Interessen geht, sollte ihn dafür niemand schelten …

… Reinholds Repliken zu den von ihm selbst provozierten Richtigstellungen sind leider stets polemisch und werden oft von beleidigenden, aus der Luft gegriffenen und nicht selten auch sich selbst widersprechenden Worttiraden begleitet. Keiner seiner früheren Bergkameraden hat ihn de facto beschuldigt, den Brudertod verursacht zu haben, oder ihn dafür gar verurteilt, wie er behauptet. Dass er als Älterer, Erfahrenerer und auch Stärkerer die Verantwortung in diesem Zweierteam hatte, sagt er ja selbst immer wieder.

Da Reinhold im Verlaufe der Expedition verschiedentlich und mit heimlicher Vorsicht von einer Überschreitung des »Nanga« gesprochen hatte und diese dann auch anstatt des naheliegenderen Abstieges zurück zu den Lagern durchführte, wurde dieser Vorgang in den Büchern mit leicht nachvollziehbaren Hypothesen und Versionen erörtert, wobei vor allem offengelegt wurde, dass keinen der beschuldigten Kameraden auch nur ein Hauch seiner Vorwürfe treffen kann.

Diese Richtigstellung muss den gescholtenen Beteiligten zugestanden werden und gehört auch zur historischen Redlichkeit.

Auch die bei der Buchvorstellung unschön attackierten anderen toten Mitglieder des DAV bedürfen einer kurzen Rechtfertigung …

… Ich habe Reinholds Ehrgeiz stets verstanden und ihm auch in Maßen zugebilligt. Wo allerdings die Grenze des Ehrgeizes liegt, ist, wie in vielen Bereichen des Lebens, eine offene Frage, die je-

*der für sich selbst entscheiden muss. In einem Punkt müssen wir
frühere Teamkameraden Reinhold Messner deutlich enttäuschen:
Den wundersamen Neid, immer wieder von ihm unterstellt und
anscheinend sehnsuchtsvoll erhofft und als höchste Bestätigung
erwartet, müssen wir ihm leider verweigern.*

Soweit mein etwas gekürzter Beitragsversuch für das Jahrbuch
2006. Die Übernahme dieses Berichts wurde von den im
Hintergrund waltenden Gremien aus »grundsätzlichen Erwägungen« abgelehnt, obwohl sie einräumen mussten, dass
keinerlei polemische Aggressivität gegenüber Reinholds Bericht darin zu finden sei.

Ich schrieb daraufhin auf Empfehlung von Freunden einen
Brief an den Alpenverein:

Sehr geehrte Herren,

*im Alpenvereins-Jahrbuch Berg 2005 (Band 129) wurde auf Sei-
te 293 unter der Rubrik »FORUM« ein Artikel von Reinhold Messner »Diese wunderbare Bergsteiger-Moral« veröffentlicht und damit zur Diskussion gestellt, denn Forum bedeutet sinngemäß
nichts anderes.*

*Der Jahrbuch-Beirat des OeAV, des DAV und des AVS haben Mess-
ners Beitrag genehmigt, sonst wäre er nicht erschienen.*

*Vor Erscheinen des Artikels in Ihrem Forum hat niemand die dar-
in Genannten und Betroffenen um Meinung und Stellungnahme
befragt, wie es guter journalistischer Stil ist. Wenn die behandelten Personen sich anschließend an der Diskussion beteiligen können, mag dies aber dahinstehen.*

*Es ist jedoch nicht hinzunehmen, dass nach einem derartigen An-
griff keine Gegenstimme und keine grundsätzliche Stellungnahme
in der folgenden Ausgabe zugelassen wird.*

*Man hätte sich zuvor überlegen müssen, ob man die ja nicht un-
bekannte Auseinandersetzung, die zudem gerichtlich anhängig ist,
in diesem Forum zulässt. Man hätte dies vermeiden können! Da*

es aber nun einmal geschah, kann der gleiche Beirat daraufhin nicht eine angemessene Gegenstimme verweigern, wie dies derzeit im Raume zu stehen scheint.

In dem angesprochenen Artikel zieht Reinhold Messner in teils grober, polemischer und auch beleidigender Form und mit falschen Unterstellungen über frühere Kameraden her, was Hauptziel und Inhalt dieser Veröffentlichung zu sein scheint. Er darf darin Behauptungen aufstellen, die durch Gutachten und andererseits auch gerichtliche Würdigungen längst widerlegt sind.

Vieles darin ist verletzend und ermöglicht rechtlich die Durchsetzung eines öffentlichen Widerrufs und somit die Beseitigung der Rechtsverletzung oder gegebenenfalls Schadensersatz, wobei auch die Veröffentlichung während eines laufenden Prozesses mit Erwähnung prozessgegenständlicher Punkte in einseitiger Tendenz ein unguter Begleitumstand war.

Sowohl direkt als auch indirekt Betroffene haben mich nach Erscheinen des letzten Jahrbuches auf all dies aufmerksam gemacht und mich um Stellungnahme gebeten.

Ich habe unter Vorbehalt oben genannter Maßnahmen dazu geraten, vorab zur Vermeidung unnötiger und unschöner Auseinandersetzung ebenfalls einen Beitrag einzubringen in der Hoffnung, dass dieser in gleicher Weise im Forumteil des kommenden Jahrbuches veröffentlicht wird.

Mein Beitrag liegt diesem Schreiben bei.

Jenseits persönlicher Angriffe enthält Messners Artikel schon in der polemischen Form des Titels zudem eine ironische Behandlung einer grundsätzlich wichtigen Bergsteigerkultur, zu der auch die Kameradschaft zählt. Dies ist wahrlich ein Anlass zur Diskussion und wird auch in meinem Artikel behandelt.

Ich habe diesen meinen Beitrag anwaltlich überprüfen lassen. Er enthält im Gegensatz zum vorgenannten keine Beleidigung oder Verunglimpfung und ich habe mich bemüht, sowohl Reinhold

Messner als auch dem Gegenstand überhaupt nach Möglichkeit gerecht zu werden. Wer austeilt, muss auch einstecken können, und das Maß der Fairness ist in meinem Beitrag keinesfalls verletzt, weshalb auch niemand von einem »Revanchefoul« sprechen könnte.

Hiermit möchte ich die zuständigen Herren bitten, all dies bedenkend meinen Beitrag für die Veröffentlichung zu genehmigen und die zuständige Redaktion davon in Kenntnis zu setzen.

Ich gehe davon aus, dass Sie Ihrerseits dafür zuvor nicht die Genehmigung des Herrn Messner einholen müssen.

Ich stelle anheim, dass die Redaktion nach meinem Beitrag erwähnt, dass damit das Thema im Jahrbuch beendet ist.

Mit freundlichen Grüßen

Ohne Begründung wurde mein Anliegen abgelehnt.

Ich habe hoffentlich mit dieser etwas mühseligen Geschichte nicht gelangweilt. Es ist nur ein Beispiel unter vielen, aber symptomatisch. Genau da, wo, wenn überhaupt, die Auseinandersetzung hingehört, stehen entweder eine Lobby Reinholds oder aber ängstliche und ruhebedürftige Vertreter einer kaum existierenden »heilen Bergwelt« bereit.

Aber ich will nicht auch zum Jammerer werden. Viele eifrige und um Wahrheit bemühte Journalisten haben sich durchaus fair verhalten und gewagt, das Verhalten des scheinbar Unantastbaren auch gründlich zu hinterfragen und sich damit seinen Angriffen ausgesetzt.

Inzwischen hat sich der DAV durch eine öffentliche Bekanntgabe wenigstens von Reinholds unsäglichem Holocaust-Vergleich deutlich distanziert. Ein Schaden ist ihm durch Medienkritik aber kaum entstanden. Seine Bücher verkaufen sich nur umso besser, wie er ja selbst schon prognostiziert hat, und so wird er auch weiterhin die Angelegenheit in gleicher Art und Weise wie bisher handhaben nach der Devise:»Hauptsache in den Medien erwähnt, ganz gleich wie.«

Einige Pressetitel zur Entwicklung des Themas in deutschsprachigen, nicht speziell alpinen Medien:

März 1970 – Merkur: *Auf Lastautos zum Nanga Parbat*
April 1970 – AZ: *Reise ins Abenteuer*
Juli 1970 – Schwäbische Zeitung: *Höchste Steilwand der Erde bezwungen – ein Toter*
Juli 1970 – SZ: *Erfolg und Tod am Nanga Parbat*
Juli 1970 – AZ: *Nach dem Gipfel kam der Weiße Tod – Deutsche Expedition bezwingt Himalajariesen – Südtiroler abgestürzt*
Juli 1970 – Bunte/Österreich: *Nach dem Triumph kam der Tod – Bitterer Sieg am Nanga Parbat*
Juli 1970 – Tiroler Tageszeitung: *Nanga Parbat: Triumph, Drama – auch Leichtsinn?*
August 1970 – Der Bergsteiger/Dolomiten:»*Odyssee am Nanga Parbat*« von Reinhold Messner
August 1970 – Der Bergsteiger/Dolomiten:»*Nanga Parbat, im Schatten der ›Dolomiten‹?*« Stellungnahme Dr. Herrligkoffers
September 1970 – Tiroler Tageszeitung:»*Tiroler Sieg und Tragik am Eisriesen Nanga Parbat*« von Hias Rebitsch
September 1970 – TZ: *Könige der Berge bald vor dem Kadi? Gericht soll sich mit dem Tod Günther Messners beschäftigen*
Dezember 1970 – Die Welt: *Der Tod am Nanga Parbat hat ein Nachspiel vor Gericht*
Februar 1971 – Der Spiegel unter »Affären«: *Leidhafte Wirklichkeit*

März 1972 – ap, München: *Herrligkoffer rehabilitiert – Staats-anwalt stellt Ermittlungsverfahren nach Messner-Klage ein*

30 Jahre lang dirigierte Reinhold Messner danach die allgemeine Presse weitgehend nach seinem Belieben, die deshalb fast ausschließlich von seinen Leistungen schrieb. Dann kam sein Angriff vom 4. Oktober 2001 und die Kontroverse wurde neu erweckt.

April 2002 – profil/Österreich – Coverstory: *Die Messnertragödie – Tod am Nanga Parbat* – ... *oder er wurde noch lebend verlassen* –»*Die Erinnerung täuscht uns alle*« (Interviews mit M. von Kienlin und R. Messner)
Juni 2002 – Bild am Sonntag:»*Große Dinge kannst du nur allein tun!*«–»*Der Mount Everest ist langweilig geworden*« (R. Messner)
Juni 2002 – Bild: *Der tote Bruder, der Berg und die eisige Schuld*
Juli 2002 – Bild: *Bergsteiger Messner über das Geschwister-Drama in 8000 m Höhe*»*Für den Tod meines Bruders übernehme ich die Verantwortung*« (R. Messner)
Juli 2002 – ff Südtirol:»*Wo ist Günther?*« – *Offene Wunde Nanga Parbat* –»*Reinhold, lass mich reden*« (v. Kienlin) –»*Rettung war möglich*« (Saler) –»*Der Blick in sein Gesicht*« (Baur) –»*Meine Tragödie als Überlebender*« (Messner)
Juli 2002 – Merkur:»*Seine Vorwürfe sind unhaltbar*« (Jürgen Winkler, Teilnehmer 1970, über Reinhold Messner)
September 2002 – SZ: *Zu den Waffen!* –»*Ich paralysiere die deutschsprachige Kletterszene*« (R. Messner)
September 2002 – Stern:»*Man krallt sich fest am Leben. Man wird zum Tier – Ich war verrückt! – Sterben ist leicht, aber die Angst vor dem Sterben treibt an*« (Reinhold Messner)

Mai 2003 ff Südtirol-Coverstory: *Angriff auf Messner, »Er ist geritten von Macht, Geltungssucht, Größenwahn« – »Zum Tod seines Bruders Günther am Nanga Parbat 1970 sagt er nicht die Wahrheit« – Ein Buch demontiert den Bergsteiger-Gott*
Mai 2003 – SZ: *Auf der anderen Seite der Wand – Der eine starb, der andere wurde weltberühmt ...*
Juni 2003 ff Südtirol-Coverstory: *»Der Hüter meines Bruders«
– »Als wäre Günther hinter mir. Immer noch.«* (R. Messner)
Juni 2003 – Focus: *»Es ist eine lebenslange Last« (Messner) – Gespräch über Tod, Schuld und geglättete Wahrheit*
Juli 2003 – Die Zeit: *Nur der Gipfel war Zeuge – »Ich, ich, ich«
– War der Bruder ein Störfaktor?*
Juli 2003 – Memminger Zeitung: *Warum musste Reinhold Messners Bruder sterben? – Lesung von Exkamerad des Südtirolers in Erolzheim*
Juli 2003 – Merkur: *»Die halbe Wahrheit hilft da nicht«* (Max von Kienlin)
November 2003 – Bild: *Nur noch Hass! – Der eisige Krieg der Berg-Freunde*

Januar 2004 – Bild: *Messner fand seinen toten Bruder im Eis*
Januar 2004 – Welt am Sonntag: *Der ewige Rechthaber – Reinhold Messner glaubt endlich beweisen zu können, dass er nicht schuld am Tod seines Bruders war*
Januar 2004 – Die Zeit: *»Ein Knochen gegen das Geschwätz« –
»Ein Wadenbein belegt, wo Günther Messner am Berg verunglückt ist«* (Ralf-Peter Märtin)
Januar 2004 – Merkur: *Messner sucht Krimiautor – Alpin-Star beklagt Psycho-Folter und klagt auf Schadenersatz – Fakten multipliziert mit Emotionen:* Reinhold Messner
Januar 2004 – Merkur: *Messners »Kaninchen aus dem Sturzhelm« – Ein Knochenfund wirft Fragen auf*

Januar 2004 – AZ: *»Die Lügner sind entlarvt«* (R. Messner)
Februar 2004 – Focus: *Wahrheit mit Rissen – Reinhold Messner fordert seine Ruhe. Ihn stützt, ausgerechnet, das Wadenbein des toten Bruders*
Februar 2004 – Dolomiten/Österreich: *»Umgang mit Knochenfund unseriös«* (Max von Kienlin)

August 2005 – Bild: *»Dieser Knochen gehört meinem Bruder«*
August 2005 – Focus: *Abstieg nach 35 Jahren – Nach dem Leichenfund droht der Berg-Heroe Reinhold Messner sein Monopol auf die Wahrheit zu verlieren*
August 2005 – Hamburger Morgenpost: *»Günther starb allein dort oben«* (Max von Kienlin)
August 2005 – Die Weltwoche: *Reinhold lebt – Es besteht wenig Aussicht, dass unabhängige Instanzen den Leichnam untersuchen können – »Jeder von uns würde, wenn es hart auf hart kommt, den anderen liegen lassen«* (R. Messner)
September 2005 – Profil/Österreich: *Auf Messners Schneide –*

Messners „Kaninchen aus dem Sturzhelm"
Ein Knochenfund wirft Fragen auf, der Nanga-Parbat-Krimi geht weiter

VON GÜNTER KLEIN

München – Jede Geschichte strebt einer Auflösung zu. Aber diese? Sie begann 1970 am Schicksalsberg Nanga Parbat im Himalaya, am kommenden Freitag wird sich das Landgericht Hamburg wieder dazu äußern. Aber, das steht schon fest: Ein Schlussakt wird das noch nicht sein. Und trotz neuer Indizien wird auch danach die Frage im Raum stehen: Hat Reinhold Messner, der berühmteste aller Bergsteiger, damals, vor fast 34 Jahren, seinen jüngeren Bruder Günther womöglich fahrlässig dessen Todesschicksal überlassen, um den eigenen alpinen Ruhm zu begründen?

Messner ist moralisch und in der öffentlichen Wahrnehmung der Angeklagte, doch im Prozess ist er der Kläger. Er geht vor gegen Max von Kienlin, Mitglied der 1970er-Expedition, und dessen Buch „Die Überschreitung". Von Kienlin, einstmals bester Messner-Freund, hat voriges Jahr die Ereignisse rekonstruiert. Die Messners wären über die 4000 m hohe Rupal-Wand aufgestiegen, vom Gipfel herab sei Reinhold über die bis dato unbekannte Diamir-Flanke gegangen – die höhenkranken Günther. Messners Darstellung ist die: Sein Bruder war auch beim Weg nach unten dabei, wurde aber von einer Eislawine verschüttet. Auch

Neue Runde der Widersacher Max von Kienlin (l.) und Reinhold Messner. Am Freitag tagt das Hamburger Landgericht. *Fotos: MZV, Schlaf*

Hans Saler, ein weiterer Bergkamerad, hat wie von Kienlin im Buch geschrieben – gleichen Inhalts. Messner klagt gegen beide Autoren.

Nun hat Reinhold Messner überraschend ein Knochen-

stück vorgelegt, das zum Körper des verschollenen Günther gehören soll (von der Größe würde es passen), gefunden angeblich vor drei Jahren von Freunden auf der Diamir-Seite. Ist er damit

entlastet? Max von Kienlin wundert sich über „dieses Kaninchen, das Messner aus dem Sturzhelm zaubert". Und er fragt: Warum taucht das wenige Tage vor dem Gerichtstermin auf? Und warum sprach Messner kürzlich noch von einer Expedition 2005, auf der er den Leichnam Günthers suchen wollte. Woher das „Knöchelchen" (von Kienlin)?

Messner hat dem Ex-Vertrauten das Du entzogen. Von Kienlin musste einige Passagen des Buches ändern, doch ihr Publikum: Das Werk ist in der dritten Auflage, wurde ins Polnische übersetzt und erscheint demnächst in den USA und Frankreich.

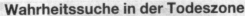

Wahrheitssuche in der Todeszone

Die Leiche des Bergsteigers Günther Messner wurde entdeckt, doch wie und wo er am Nanga Parbat starb, ist weiter unklar

Von Achim Zons

München – Eine ruppige Böe treibt Eiseskälte auf den Schreibtisch, und das bei strahlendem Wetter. Neue erregende Nachrichten aus dem Himalaya künden von nahendem Streit, von endlosen Debatten um die Wahrheit eines spektakulären Todes, der sich vor mehr als 35 Jahren ereignet hat. Die Beteiligten: einer der monströsesten Berge, der 8126 Meter hohe Nanga Parbat. Der Extrembergsteiger Reinhold Messner, der den Berg im Juni 1970 bezwang und mit dessen Überschreitung seinen Ruhm begründete. Seine Bergkameraden, die vermuten, dass er sich von seinem Bruder getrennt hat, um allein die Überschreitung des Nanga Parbat zu wagen. Und schließlich Günther Messner, dessen Leiche jetzt nach Aussage von Reinhold Messner überraschend gefunden wurde. Es sieht so aus, als käme endlich die Wahrheit unter den Schneemassen und Eisplatten hervor. Und schon wird es eiskalt im Zimmer.

Doch erst einmal die Basisdaten: Nach einem Bericht der Deutschen Presse-Agentur (dpa) hat vor einigen Wochen ein Bergführer auf der Diamir-Seite des Nanga Parbat Knochen und Kleidungsreste gefunden, die er nicht identifizieren konnte. Der Bergsteiger wusste, dass Günther Messner vor 35 Jahren irgendwo verschollen war und informierte dessen Bruder Reinhold. Der reiste umgehend nach Pakistan. Dort will er jetzt die Schuhe und die Jacke seines damals 24-jährigen Bruders erkannt haben, präzisere Aussagen sind nicht möglich, da ein Kopf nicht entdeckt wurde. Messners Sprecher Naeem Khan sagte, die Überreste von Günther Messner seien in 4600 Metern Höhe auf der Diamir-Seite aufgetaucht. Offenbar sei der Körper des toten Bergsteigers vor etwa zwei Jahren mit den schmelzenden Schneemassen herun-

ter Informationen lag die Leiche viel zu hoch, eben nicht da, wo man sie nach Reinhold Messners Aussagen hätte finden müssen. Wie gesagt, Messners eigener Sprecher Naeem Khan behauptet, dass der Körper des toten Bergsteigers mit den schmelzenden Schneemassen aus einer Höhe von 7000 Metern heruntergetragen worden sei. Wie kann Reinhold Messner dann aber seinen Bruder Günther das letzte Mal mehr als 2000 Meter tiefer gesehen haben? Die Waagschale neigt sich derzeit zur Version Hans Salers und seiner Bergkameraden, denn über 7000 Metern Höhe verläuft auch die Abkürzung, die Günther Messner ein kurzes Stück auf die Diamir-Seite geführt haben könnte.

Schicksalsberg: Günther Messner (re.) ließ bei einer Expedition 1970 auf dem Nanga Parbat sein Leben, sein Bruder Reinhold kehrte zurück. *Reuters, dpa, AP*

Süddeutsche Zeitung vom 19. August 2005

Die Wahrheit beigesetzt – Wo starb Günther? – Der Messner-Streit als Medienereignis
September 2005 – News/Österreich: »*Auch ich hätte sterben müssen ...*« (Reinhold Messner) – *Verbrennung des Bruders* – »*Diese Menschen haben es mit mir so gemacht wie die Deutschen mit den Juden – no difference!*« (Reinhold Messner)
September 2005 – Bild: *Hier verbrennt Reinhold Messner seinen Bruder* (großes Foto davon)
Oktober 2005 – Badisches Tagblatt: *Todesumstände bleiben unklar*
Oktober 2005 – SZ: *Finale ohne Schlussakkord – Günther Messner ist die Gletscherleiche vom Nanga Parbat – ein Ende des Streits um seine Todesumstände ist aber nicht in Sicht*

MYTHOS UND LEGENDE

Gemäß dem Wochenmagazin *News*, Wien (Nr. 36 vom 8. September 2005), wiederholt in *profil*, Wien, hat Reinhold gesagt (Artikel:»Auf Messners Schneide«):»Ich habe jetzt Günthers Todesstelle nachgewiesen, das ist auch ein Erfolg für mich – mein Mythos wird dadurch wachsen.« Ich habe darüber nachgedacht, diesem Kapitel den Titel»Ende eines Mythos« zu geben, womit Messner gemeint sein sollte. Aber ein Mythos, der nie existiert hat, kann auch nicht enden.

Was ist ein Mythos? Spontan denkt man an etwas wie die sieben Weltwunder, an den heiligen Gral, an zerstörte Hochkulturen. In der Frühzeit begriffen die Völker im Mythos das Heilige, worin die Macht und die Gunsterweise einer Gottheit am Kultort verkündet oder die Göttergeschichte biografisch interpretiert wurde.

Nach J. G. Görres sind Mythen im engeren Sinne eine rational nicht beweisbare Aussage über Göttliches, der doch ein Wahrheitsanspruch eigen ist. Also primär ein theologisches Verständnis.

Im Mittelalter war der Mythosbegriff fast nur in der Kunst ohne eingehende Interpretation vertreten, wenn man nicht einige nichtdogmatische Teile des neuen Testamentes auch mythisch verstehen will, wie zum Beispiel»die Heiligen Drei Könige«.

In der Philosophie der Aufklärung wurde der in den Mythen verborgene Symbolgehalt verkannt, man hielt sie schlicht für bedeutungslose Märchen und versuchte, vermeintlich Rationales von vermeintlich Irrationalem zu scheiden. Allerdings hat Imanuel Kant postuliert, dass Begriffe ohne Anschauung leer und Anschauung ohne Begriffe blind seien.

Im allgemeinen Verständnis konnten sagenhafte Personen der Vergangenheit in Einzelfällen zum Mythos werden, wenn ihnen ein götterähnliches, mit geheimnisvollen Kräften ausgestattetes Wesen anhaftete, wie in der Antike Achilles oder in der germanischen Sage Siegfried, der neben sieghafter Kraft eine Tarnkappe besaß und durch Drachenblut unverwundbar schien, weshalb er nur hinterrücks durch eine Verwundung an der einzig möglichen Stelle zu Fall gebracht werden konnte, nachdem er ein allzu forsches Ränkespiel getrieben hatte. Solche Helden, denen meist göttliche Abstammung unterstellt wurde und die in diesem Sinne keine eindeutige historische Realität haben, wurden in vielen Kulturen zu symbolhaften Beispielen menschlicher Möglichkeiten stilisiert und dienten sehnsuchtsvoller Identifikation.

Im 20. Jahrhundert fand der Mythos in der häufig von Ideologien beherrschten Politik neue Vorstellung im Kommunismus und im Nationalsozialismus. Ein Mythos sollte nun nicht mehr symbolhaft, sondern bewusst, als gezielte Propaganda, die bildhafte Deutung einer Mission darstellen und so in Visionen aus der Vergangenheit eine allgemeine Verpflichtung für die Zukunft gegen jedwede Kritik rechtfertigen. Trotz eines gigantischen Personenkults wurde jedoch auch in dieser Epoche kein Mensch zum Mythos erklärt.

In der Psychologie sehen S. Freud und auch C. G. Jung bei tiefenpsychologischer Betrachtung im mythischen Gehalt eine Projektion urtümlicher (archetypischer) Stadien der Be-

Peter Vogler mit dem Autor auf dem Weg zu Lager II. Im Hintergrund
der Rupal-Pyramidpeak

wusstseinsentwicklung und vermeinen, im Unbewussten die-
selben Ausdrucks- und Gestaltungsprinzipien wie in der Antike und in Sagen wiederzufinden. Mythische Bilder im
Traum werden als Symbol für Ängste, Wünsche und Sehn-
süchte gedeutet.

Niemand kann aber mit Erfolg seine Träume der Welt als
Wirklichkeit oder gar als Wahrheit verkaufen. Da befände er
sich jenseits des Rationalen im Bereich des Wahnhaften. Und
hier sind wir nun beim Anspruch Reinhold Messners ange-

kommen: Kein vernünftiger Mensch in der Geschichte hat sich je selbst zum Mythos erklärt.

Alexander der Große, immerhin eine Gestalt von überragender Bedeutung für die Menschheitsgeschichte, hat im Zuge seiner Eroberungen und nachhaltig wirkenden Kulturkontakten aus taktischen Erwägungen einiges dazu getan, um in der Masse einen Glauben an seine göttliche Abkunft zu schaffen. Aber er würde sich gehütet haben, von sich als einem Mythos zu sprechen. Dazu war er zu gescheit, zu diplomatisch und zu gebildet.

Es ist nicht nur vermessen, sich selbst zu einem Mythos zu erklären, es ist schlicht Größenwahn. Keine sportliche Leistung, sei diese noch so beeindruckend und respektabel, ja keine Leistung überhaupt rechtfertigt eine derart selbstgefällige Maßlosigkeit.

Franz Beckenbauer wird in spaßhafter Manier mit großer Anerkennung »Kaiser« genannt, aber ohne eigenen Anspruch. Das ist ja vergleichsweise bescheiden. Neben beachtlichen persönlichen Leistungen und Erfolgen, die zusätzlich Millionen Zuschauer erfreuten, hat er allerdings auch viel zum Erfolg anderer beigetragen und außerordentliche Verdienste im nationalen und allgemeinen Interesse erworben.

Was hat in diesem Sinne Reinhold Messner aufzuweisen? Wem hat er denn Freude bereitet? Kameraden und konkurrierende Leistungsträger hat er selbst bei mäßigem Lob doch stets hinter sich ins zweite Glied verbannt, vielfach bekrittelt und mies gemacht, sogar Tote mit verdienstvoller Vergangenheit. Engherzig und stets nur auf eigenen Ruhm bedacht und verweisend, der ihm ja auch im Überfluss zuteil geworden ist, mäkelt er immer wieder auch an für ihn hilfreichen Mitkämpfern bei gemeinsamen Unternehmungen herum, wenn das Ziel erreicht wurde, oder er gibt ihnen die

Schuld, wenn dies nicht gelang oder etwas Nachteiliges passierte. Sämtliche Unternehmungen des »Grenzgängers« dienten fast ausschließlich seinem ganz persönlichen Ansehen, das er nie mit jemand anderem teilen wollte. Er selbst hat des Öfteren gesagt, Besteigungen und Überquerungen seien »die Eroberung des Nutzlosen«. Da hat er zweifellos Recht. Aber auch in seinen Büchern hat er im Wesentlichen nur sich selbst, seine Mühen und Leiden dargestellt. Außer einem gewissen Unterhaltungswert – sein Bestseller beschäftigt sich mit dem sagenhaften Yeti – wurde der Menschheit durch ihn nichts Sinnvolles gegeben.

Seine eigenen Leistungen hat er in seinen Büchern so umfangreich beschrieben und hochgelobt, dass mir dazu kein neuer Superlativ mehr einfällt. »Die letzte große Alpinistische Idee« nannte er seinen Soloversuch 1978 am Nanga Parbat. Die beeindruckenden Winterbegehungen neuer Routen zum Beispiel von Jerzy Kukuczka, seinem Konkurrenten im Wettlauf um die Sammlung aller 14 Achttausender, blieben in der öffentlichen Erwähnung weit zurück, wie auch viele alpine Großtaten anderer renommierter Alpinisten.

Über die in Diskussion stehenden Unwahrheiten, Ungereimtheiten und negativen Grundsätze in einigen Büchern Reinholds hinaus erlaube ich mir über deren Qualität kein Urteil. In manchen sind sogar wirklich schöne Bergfotos veröffentlicht. Einige Auflagen hatten sehr guten Verkaufserfolg. Einen Anspruch auf »bedeutende Literatur« kann man für diese Art der Erlebnisberichte aber nicht unbedingt reklamieren.

Ich erlaube mir, hier nur einige Ausschnitte aus einer Kritik von Wiglaf Droste (*das Journal*, November 2005) über Reinholds neueres Buch »Die Wüste in mir« zu zitieren. Diesen Untertitel hält der Rezensent für das Beste daran:

Wozu in die Gobi schweifen / wenn das Doofe liegt so nah: Reinhold Messner hätte auch eine Million Mal einen Sandkasten oder einen Parkplatz umrunden können. Er ist der klassische blinde Passagier: Reinhold Messner rast um die ganze Welt und bemerkt nichts außer Reinhold Messner … In diesem Mann ist nichts als ein monströs ödes Ich-Ich-Ich … Immerzu ist er mit sich selbst beschäftigt und die Worte »Ich«, »mir«, »meine« tauchen in einer Häufigkeit auf, die jeden Rekord bricht … Er fragt sich: »Ob ich noch klar im Kopf bin?«, beantwortet die Frage aber selbst vorschnell mit »ja«, um sich zum Beweise des Gegenteils wieder seinen von Charles Darwin und Luis Trenker vorgestanzten, beschränkten Selbstbetrachtungen hinzugeben, die weiterzugeben er allerdings aggressiv entschlossen ist.«

Es gibt sicher auch weniger harte Kritiken hinsichtlich der Form, aber eine Tendenz zum gleichen Grundtenor ist doch oft zu bemerken.

Diese Art seiner Selbstbetrachtung ist jedoch nicht Gegenstand unserer Kritik und seine rein persönliche Angelegenheit. Schließlich haben auch viele andere, ja sogar bedeutende Autoren egozentrische Beschreibungen der Welt geliefert und nicht selten auch wissenswerte Erkenntnisse daraus geschöpft. Auf diesem Wege hätte er ohne Anfechtung bleiben können.

In manchen Regionen, z.B. dem Mt. Everest, hat Reinhold, wenn auch ohne gezielte Absicht, einem ebenfalls nutzlosen und unnatürlichen Rummel auf die Beine geholfen, in dessen Folge auch sich selbst überschätzende Laien zu Tode kamen – ein Beispiel also mit höchst fragwürdigem Wert.

Die durch Reinhold Messner provozierten Auseinandersetzungen im Flachland sind nicht selten regelrecht inszeniert, um stets im Gespräch zu bleiben – heute umso mehr, weil aus natürlichen Gründen von ihm inzwischen spektakuläre

Die Rupalflanke des Nanga Parbat vom Aufstieg zum Pyramidpeak aus. Vorne links der Rucksack des Autors

Leistungen kaum mehr erbracht werden können. Und nun gar noch der Zusammenhang, den er mit »seinem Mythos« in Verbindung bringen will. Die sterblichen Überreste des toten Bruders werden gefunden. Die Todesstelle kann dabei – entgegen seiner Behauptung – eben nicht nachgewiesen werden. Im Wirkungskreis von Günthers geheimnisumwittertem Bergtod hat damals Reinhold seinen Ruhm begründet, und nun soll ihm das Brandopfer des Aufgefundenen nach 35 Jahren zum nochmals »wachsenden Mythos« verhelfen? Eine größere Absurdität ist kaum vorstellbar. Wer diesem bizarren Selbstkult huldigt, dem ist wahrlich nicht zu helfen. Wer sich zu hoch ansiedelt, der kann tief fallen. Von den Bergen her müsste das deren routiniertem Ersteiger doch bekannt sein. Das gleiche gilt jedoch für alle Bereiche unseres Daseins. Der große Diplomat Talleyrand hat gesagt: »Alles Übertriebene ist unbedeutend.« Diesem Hinweis ist nichts hinzuzufügen.

Verlegen wir uns also auf einen Begriff, der zwar weniger »göttlich« ist, aber dafür meist einen historisch wahren Kern hat, die »Legende«. Mit diesem Begriff käme man im Zusammenhang mit besonderen sportlichen Leistungen schon eher zurecht. Abgeleitet aus dem mittellateinischen legenda, »das zu Lesende«, stammt dieses Wort ursprünglich ebenfalls aus dem religiösen und kirchlichen Bereich. Im Gegensatz zum Evangelium, das die Wahrheit verkündete und im Gottesdienst verlesen wurde, las man zum Beispiel bei den Klostermahlzeiten Heiligenlegenden vor, die nicht Glaubenssätze waren und vorrangig von Märtyrern und wundersamen Geschehnissen um diese handelten.

Inzwischen ist der Begriff im deutschen Sprachgebrauch vielseitiger geworden und lässt sich u.a. durchaus für außergewöhnliche Vorkommnisse der Vergangenheit auch adjektivisch anwenden: »Ein legendäres Ereignis.«

Um als Mensch zur Legende zu werden, muss man eigentlich tot sein, wie ja auch eine Heiligsprechung nur posthum erfolgen kann, denn ein Lebender könnte ja immer noch seinen legendären Ruf beschädigen, und dann müsste ihm dieses Attribut wieder abgesprochen werden. Als Legende wird ein Mensch losgelöst von seiner rein historischen Biografie, er wird vielmehr zu einer symbolhaften Figur. Aber man muss nicht alles so doktrinär sehen, und so könnte auch eine schon alte Person noch zu Lebzeiten zur Legende stilisiert werden, wenn das Vollbrachte legendären Charakter hat.

Im Empfinden der Menschen ist mit einer personifizierten Legende die Vorstellung verbunden, dass sich etwas Geheimnisvolles oder Wundersames, verbunden mit der Hingabe für andere oder für eine Idee, sich um die Person rankt. Der Engländer Albert F. Mummery, erster Pionier am Nanga Parbat und seit 1895 dort verschollen, sowie sein Landsmann George Leigh Mallory, ein beeindruckender Mann, der seit 1924 am Everest unauffindbar war und dessen von der Natur in eisiger Höhe zur marmorartigen Mumie erstarrte Leiche 1999 endlich entdeckt wurde, das sind Legenden der Berggeschichte (siehe Foto Seite 42).

Wer im Übereifer stets vorrangig und zweckdienlich sein eigenes Interesse wahrt und sich nur selbst der Nächste ist, hat nicht das Zeug zur Legende. Und deshalb ist, trotz vieler beachtenswerter körperlicher Leistungen auf Bergen und in weiten Ebenen, die aber letztlich stets nur seinem eigenen Ansehen dienten, Reinhold Messner keine Legende. Er ahnt dies längst und versucht sich gelegentlich in Worten des Bedauerns, überlebt zu haben.

Da fällt mir ein Vergleich ein, der Reinhold sicher gefallen wird. Auf Sankt Helena sagte Napoleon zu seinem Sekretär, dem Grafen Las Cases:»Hätte mich in Moskau eine Kugel ge-

Max von Kienlin im Lager I

tötet, wäre ich heute so groß wie Alexander und Caesar, aber nun, als Überlebender, bin ich ein Nichts.«

Las Cases erwiderte: »Sire, Sie vergessen Ihre großartige Rückkehr von Elba.«

»Das ist wahr«, antwortete der abgedankte Kaiser, »aber auf dem Schlachtfeld von Waterloo hätte ich sterben müssen.« Man sehe mir diesen unvergleichbaren Vergleich nach, aber im Sinne erwünschter Legendenbildung mag man diesen verstehen.

Reinhold hat in seiner professionell betriebenen Sportart keine seinen Ruhm schmälernde Niederlage erlitten. Er hat sich vielmehr, wenn schon nicht »um Kopf und Kragen«, so doch um sein Prestige geredet. Hätte er doch öfter mal geschwiegen. »Si tacuisses, montivagus magnus mansisses« möchte man ihm zurufen. Es ist nicht immer bekömmlich, jedem Drang, sich zu äußern, nachzugeben, und wenn die Sätze dazu noch herausfordernd sind, darf man sich nicht wundern, wenn einem auch in heimatlichen Gefilden ein eisiger Wind entgegenbläst. Im Interesse einer Legendenbildung hätte er nicht früher zu sterben, sondern schlicht nur öfter zu schweigen brauchen.

Alles hat seinen Preis, und wer Ruhm erleben und auskosten will, sollte dankbar sein und vorsichtig damit umgehen, denn nicht nur die Leistung wird gewogen, sondern auch das Beispiel, das man als Mensch, als Charakter gibt – und das im Besonderen im Sport gegenüber der Jugend.

Der junge Bergsteiger Günther Messner, sein Bruder, Leistungsträger, Helfer und Gefährte, dessen Todesart und Ort nach wie vor im Dunkeln liegen und der noch lange nach seinem Sterben immer dann von dem Überlebenden genannt wird, wenn er diesem nützen oder dienen kann, er ist inzwischen wirklich zur Legende geworden.

Günther Messner, Bleistiftzeichnung von Marie-Madeleine von Kienlin

REALITÄT UND TRAUMBILD

Dieses Buch habe ich vor allem für Günther geschrieben. Nicht als vollständige Biografie über einen jungen Burschen, den ich nur knappe drei Monate kannte und dessen frühen und tragischen Tod ich in großer Nähe miterlebte, sondern für ihn, um seinetwillen, als eine Art Vermächtnis für das unschuldige Opfer widriger Umstände oder auch einer unglücklichen Entscheidung. Nur er weiß, wie und warum er sterben musste, aber ihn können wir leider nicht befragen.

Der wunderbare japanische Film »Rashomon« erzählt eine beeindruckende und eigenartige Geschichte über eine Anzahl Zeugen eines Todesfalles, die jeweils eine völlig unterschiedliche Aussage vor Gericht machen, geprägt von subjektiver Sicht und auch von dem Bedürfnis, dem jeweils eigenen Verhalten innerhalb des Geschehens ein positives Bild zu geben und ein günstiges Verständnis für sich zu erwirken. Schließlich wird der Tote selbst über eine in mediale Trance versetzte Mittelsperson befragt, wobei auch dieser mit der verfremdeten Stimme des Mediums in einer makaberen Szene wiederum etwas anderes aussagt.

Diese Metapher führt vor Augen, wie schwierig es ist, der Wahrheit auf den Grund zu gehen, sie zu finden oder am Ende vielleicht auch nicht.

Letztendlich kommt es viel mehr auf unsere Gesinnung an

als auf bahnbrechende Erkenntnisse, hinter denen sich nur allzu oft wieder neue Rätsel auftun. So endet die Geschichte des Films auch damit, dass deren Erzähler, ein armer Holzfäller und selbst Zeuge des Geschehens vor Gericht, danach ein ausgesetztes Kind voll Liebe zu sich nimmt und damit dem an der Güte des Menschen verzweifelnden Mönch, einem seiner Zuhörer, den Glauben wiedergibt.

Wir sind alle keine Heiligen, von seltenen Ausnahmen abgesehen, und wir stehen, jeder in seiner Weise, in unserem eigenen Lebenskampf, den wir, wenigstens in Maßen, zu gewinnen versuchen – oder zumindest in uns wichtigen Bereichen nicht zu verlieren.

Sich gegen Angriffe zu verteidigen, ist erlaubt, wenn die Mittel der Abwehr gewisse Grenzen nicht überschreiten, sonst kann die falsche Form leicht zur Rache entgleisen, zum Revanchefoul, und dann gibt es die rote Karte. »Die Verhältnismäßigkeit der Mittel« nennt das der Jurist.

Das gilt natürlich für beide Seiten, und so muss auch ich mich fragen, ob und inwiefern ich vielleicht Reinhold Messner auf Grund seiner eskalierenden Unterstellungen und Beschimpfungen manchmal zu hart beurteile, auch wenn dies nach menschlichem Ermessen weder ungerecht noch gar unbegründet ist.

Ich wollte vor allem über Günther schreiben, aber man kommt dabei an seinem berühmt gewordenen Bruder nicht vorbei, und nicht selten bleibt man bei dem untrennbar mit dem Toten Verbundenen einfach hängen. Die Erinnerung an das großartige Erlebnis am Nanga Parbat, die auch in positivem Sinne von Reinhold nie ganz zu trennen ist, bringt es noch heute gelegentlich mit sich, dass ich ihm bei manchen seiner Ausfälligkeiten in Gedanken an damals, als ich ihn zu seinen Gunsten noch beraten konnte, zureden möchte, doch innezuhalten, klüger und souveräner zu reagieren und auf allzu populistisches Gepolter zu verzichten. Um seiner selbst willen, zur Erhaltung seines Prestiges, um das er sich selbst bringt.

Ginge es um einen Streit im kleinen Kreis mit einer unbekannten Person, wäre die Sache unkomplizierter. Recht hin, Recht her, man würde sich irgendwie arrangieren. Hier aber geht es um eine Angelegenheit, die vor allem öffentliche Bedeutung hat, weil Reinhold ein weithin bekannter Mann ist, dessen Verhalten als großer Bergsteiger auch beispielgebend wirkt. Wenn Hochmütigkeit, hämische Unterstellungen, grobe Anwürfe und äußerst fragwürdige Grundsätze seitens einer beachteten Person kritiklos zum Erfolg führen dürfen, dann wird ein solches Verhalten zum negativen Vorbild vor allem für junge Menschen.

Wer öffentlich anprangert, riskiert damit, sich auch öffentlich die Meinung sagen lassen zu müssen und das wiederum in gebotener Offenheit. Wer sichtbar für jeden in der Höhe steht, muss achtsam bedenken, was er sagt, und kann nicht erwarten, dass auf seine vielleicht vorhandene Überempfindlichkeit besondere Rücksicht genommen wird.

Ein bekannter Mann hat mehr zu verlieren, aber er hat eben auch diesen Umstand zu bedenken, wenn er eine Lawine lostritt, die ihn in Mitleidenschaft zieht. Jeder hat schließlich Ehre zu verlieren und diese angemessen zu verteidigen, wenn sie mutwillig und aggressiv angetastet wird. Unentwegt spricht Reinhold von seiner Ehre, die nur er als verletzt betrachtet, wobei er die der anderen geringschätzig mit Füßen getreten hat und damit nicht zu einem Ende kommt.

Freilich ist auch zu bedauern, dass die unschuldige Bergwelt die Bühne dieses unschönen Zwistes ist, und viele Bergsteiger beklagen zu Recht, dass dieser »wohl hässlichste Streit in der Geschichte des Alpinismus«, wie *Der Spiegel* schrieb, eskalierte. Einen wesentlichen Hintergrund dafür bildet jedoch die Entwicklung einer bestimmten Grundeinstellung zum Bergsteigen an sich, bei der nicht mehr die Schönheit der Natur, Besinnlichkeit, Freude und vor allem auch Gesundheit in den Bergen im Vordergrund stehen, sondern ein zur Professionalität entarteter Ehrgeiz, der nur nach messbaren und egoistisch zu erringenden Ergebnissen und Meldungen giert.

Natürlich gibt es eine Mehrzahl begeisterter Alpinisten, die sich einen gesunden Idealismus bewahrt haben und die den beschädigten Begriff von Kameradschaft und Hilfsbereitschaft nach wie vor hochhalten. Aber eine wachsende Anzahl vor allem auch junger Bergsteiger will sich nicht gern nur als Zwerg neben erfolgreichen Leistungsträgern beurteilt sehen und nimmt aufmerksam die viel versprechenden Resultate naturbezwingender Unternehmungen zur Kenntnis. Und dabei spielen einige von Reinhold verkündete Grundsätze eine beachtete Rolle, die den Erfolg anscheinend erst garantieren: »Den letzten Schluck Wasser zu teilen oder gar sein Leben für den Kameraden zu riskieren, ist fürchterlicher Kitsch« oder auch »Nazi-Klischee«. »Hoch oben am Berg gibt es keine besondere Moral. Jeder von uns würde, wenn es hart auf hart kommt, den anderen liegen lassen ...« (im *Stern*, 2002). Dies und vieles andere in diesem Sinne wurde postuliert von einem Mann, der sich schon einmal im Fernsehen als den Einzigen bezeichnet hat, der über Moral am Berg überhaupt etwas zu sagen habe. Soll solcher Ungeist etwa Schule machen und das Verhalten junger Menschen prägen?

Auf solche höchst fragwürdige Einstellungen im Gesamtzusammenhang aufmerksam zu machen, war und ist das Hauptmotiv für meine Auseinandersetzung mit Reinhold Messner,

Träger mit Autor im Aufstieg zu Lager II

den ich hier als exemplarischen Fall sehe. Dies scheint mir inzwischen wichtiger als die Besorgnis wegen der vielen persönlichen Attacken gegen uns frühere Gefährten, weil der dadurch entstandene Schaden insgesamt geringer einzuschätzen ist als das schlechte Beispiel für die Jugend im Allgemeinen. Auch disqualifizieren sich schließlich die durchschaubaren Übertreibungen selbst, und die Angst vieler Medienvertreter vor Repressalien des herrschsüchtigen und stets prozessbereiten Agitators ist zudem weitgehend geschwunden. In einem jüngst gegebenen Interview gab Reinhold plötzlich zu verstehen, dass sein Hauptärger gar nicht mehr so sehr auf mich ziele, sondern auf die mit ihm kritisch gewordene Presse.

211

Längst wäre es an der Zeit gewesen, dass nicht nur einige wenige, sondern alle Vertreter alpiner Zeitschriften und vor allem alpiner Vereine, die ob dieses Zwistes nur ärgerlich den Finger heben, gegen die negativen Prinzipien vorgehen, die jede Sinngebung in der Natur der Berge verdrängen und entwürdigen.

Wenn Begehungen nur noch interessant sind, soweit sie lebensbedrohlich, gesundheitsgefährdend und spektakulär sind, wobei Rücksicht, Natur und menschliches Maß immer kleiner geschrieben werden – welche positive Bedeutung haben die schönen Berge dieser Welt dann noch?

Auch Reinhold ist irgendwann von der verführerischen Begeisterung für herausragende Extravaganzen vor allem seitens vieler Alpinisten korrumpiert worden. Das begann mit der Überschreitung des Nanga Parbat, die seinen Erfolg ja wesentlich begründet hat. Im Laufe seines Lebensweges wurden für ihn dann weitere außergewöhnliche Leistungen geradezu zur Obsession. Seine Einbildung, durch seine Taten ganz allgemein zu einer persona grata, ja zu einem unantastbaren Denkmal geworden zu sein, ist vorwiegend durch den kaum reflektierten Applaus vieler Bergsteiger entstanden, die er heute nur noch geringschätzig beurteilt.

Wenn kein Umdenken einsetzt hin zu den eigentlichen Werten, die uns durch die Bergwelt gegeben sind, und auch die Herausforderung im Bereich charakterlicher Qualitäten im Zusammenhang damit nicht wieder angenommen wird, werden übersteigerter Ehrgeiz und Gewinnsucht auch auf diesem Sektor immer unerträglichere Folgen zeigen, wie auf vielen anderen Gebieten auch. In meinem Buch »Das kurze Seil« habe ich dazu eine Kurzgeschichte unter dem Titel »Einer trage des anderen Last« geschrieben.

Alle Verantwortlichen auf jedem Gebiet des Alpinismus müssen dazu aufgerufen werden, wieder mehr zur Beachtung des Wesentlichen, des Eigentlichen, des Wertvollen in der Naturwelt der Berge zurückzufinden, anstatt immer nur die besondere Zirkusnummer zu beklatschen. Die höchsten Gipfel sind alle bezwungen, auch deren schwierigste Routen, das waren einmal verständliche Herausforderungen. Was noch? Wofür? Achttausender werden heute angegangen wie vor 80 Jahren beispielsweise das Matterhorn und vor 120 Jahren der Wendelstein. Dazu eine amüsante und natürlich wahre Anekdote:

1987 gewann eine junge Bergsteigerin die ausgelobte Führungstour mit Reinhold Messner auf das Matterhorn. Eine stolze Sache! Als das Duo mit Bravour den Hörnligrat erreichte, immerhin bei der dramatischen Erstbesteigung 1865 einmal die Schlüsselstelle zum Gipfel, hatte man dort einen Kiosk aufgebaut, der diverse Andenken und sogar Messner-Bücher anbot. Reinhold fand den Gag jedoch gar nicht witzig. Das Ganze wurde natürlich gefilmt und in der Sendung »Verstehen Sie Spaß?« mit Paola und Kurt Felix am 16. Januar 1988 gesendet. Dieser Vorgang ist geradezu exemplarisch für die gerade beschriebenen Veränderungen, aber auch für den nur mühsam erreichbaren Humor Reinholds.

Ja, die Dinge haben sich gehörig gewandelt, und durch Erfahrung, inzwischen erworbene Kenntnisse und vor allem unvergleichlich weiterentwickeltes Material und technische Möglichkeiten wurde der Stellenwert des Abenteuerlichen völlig verschoben. Mit technisch perfekt ausgeklügelten Hilfsmitteln lässt sich inzwischen praktisch jedes Hindernis auf dem Weg zur Höhe überwinden.

Ich habe keinen Zweifel daran, dass mir Reinhold in diesem Punkt im Grunde und im Allgemeinen Recht gibt, vorausgesetzt, die damit verbundene Kritik bezieht sich nicht auf eine seiner eigenen Unternehmungen, gleich welcher Art. Und das ist ein nicht nur auf ihn zutreffendes, sondern ein generelles Problem, weil zwischen objektiver Einsicht und subjektivem Vorteilstreben erstere meist verdrängt wird, egal ob bei Einzelpersonen oder Organisationen.

Man könnte heute beispielsweise bei entsprechender Kalkulation und Finanzierung sicher einen Lift zum Gipfel des Mt. Everest bauen: mit klimatisierten, sauerstoffangereicherten Kabinen inklusive Druckausgleich, in denen reiche Touristen zum Vergnügen ein Astronautenmenü serviert bekommen. Jeder Flug zum Mond ist wohl ein aufwändigeres Projekt.

»Der Mount Everest ist langweilig geworden« sagte Reinhold im Juni 2002 zu *Bild am Sonntag*.

Was in den letzten hundert Jahren bei der Verwirklichung anspruchsvoller Bauvorhaben weltweit, ganz besonders auch in den Bergen, allein die dafür notwendigen Hochbauarbeiter in schwindelnden Höhen und unter schwierigsten Umständen geleistet haben, sollte diesen doch eigentlich unsere besondere Bewunderung eintragen und den gar nicht so seltenen Opfern, die derartige Projekte fordern, unser Mitgefühl. Diese werden jedoch allenfalls in kleingedruckten Annalen spezieller Fachliteratur erwähnt.

Ja, das ist eben Berufsrisiko, das sind gut verdienende Profis, wird man sagen, Bergsteiger aber sind Amateure, Liebhaber dieses schönen Sportes. Sind sie das wirklich noch? Hat nicht vor allem Reinhold Messner das Bergsteigen zur Profession, zum Beruf umgestaltet? Und dabei verdient er viel mehr als jeder noch so gut bezahlte Arbeiter in diesen Regionen.

Angesichts dieses Vergleiches sollte man inzwischen das ganze heutige Expeditionsgeschehen einmal mit anderen Augen betrachten. Auch in den Alpen und vielen anderen

Riesige Staublawine in der Rupalflanke

Gebirgen hat sich das Geschehen zu allen Jahreszeiten verändert. Wer stapft denn heute noch, wie früher üblich, voll
Lust am Abenteuer mit geschulterten Brettern auf einen
Berg? Heute müsste er neben einem Schilift oder unter einer Gondel zur Hochstation aufsteigen, wo bräunungs-
bedürftige Flachlandtiroler bereits seit Stunden auf Liege-
stühlen in der Sonne schmoren. Das ist Sisyphusarbeit und
erinnert fast schon an Fitnesscenter, in denen sich Menschen
wie Goldhamster im Laufrad an Crosstrainern abquälen.
Klar, es geht um körperliche Ertüchtigung, aber dann doch
bitte lieber woanders.

Selbstverständlich müssen Leistungsfähigkeit und Können in
der Bergwelt erhalten, gepflegt und gefördert werden, aber
nicht um jeden Preis, vor allem nicht unter Vernachlässigung
moralischer Grundsätze bei gefährlichen Wagnissen.

Gibt es heute überhaupt noch echte Amateure in irgendeiner Sportart, sofern dabei international beachtete Leistungen
erbracht werden? Olympische Spiele? Wer fragt noch danach,
ob der Teilnehmer wirklich Amateur ist?

In den Winterspielen 1972 wurde Karl Schranz, der überra-
gende österreichische Schiläufer, disqualifiziert, weil er für
irgendein Produkt Reklame gemacht hatte. Das verstieß
damals gegen das olympische Reglement. Im Magazin *Alpinismus* (April 1972) wurde der Vorgang mit einer Kinder-
schischule verglichen, wo selbst die kleinen Abfahrer auf
ihren Startnummern bereits Reklame aufgedruckt hatten.

In dem Artikel wird bezweifelt, ob irgendein Teilnehmer an
Olympischen Spielen den ursprünglichen Amateurstatuten
noch entspricht und resümiert, wie groß die Verlogenheit in
diesem Bereich inzwischen geworden sei. Auch wurde die Frage erörtert, inwieweit Hillary und Tenzing noch als wirkliche
Amateure zu betrachten seien.

Alle Welt spricht heute von der dringend nötigen Pflege und Erhaltung der Natur, nicht zuletzt auch in der Bergwelt, aber auch wir Menschen sind Teil dieser Natur, und so müssen wir bei uns selbst beginnen, sonst fehlt uns jeder Ansatz, etwas Positives in der Umwelt zu bewirken. Es wäre die Erfüllung eines epochalen Menschheitstraumes, wenn uns das wenigstens in einigen Bereichen gelänge.

Einen wichtigen Beitrag zu Wissen und Erkenntnis leisten heute Naturfilmer. Mit großem persönlichen Einsatz, ohne Scheu vor teils beachtenswerten körperlichen Anstrengungen bei häufiger Bewältigung weiter Strecken mit Risiken und meist immenser Geduld werden in oft schwer zugänglichen Gegenden der Erde wunderschöne Filme über die Tier- und Pflanzenwelt gedreht, nicht selten auch in den Bergen. Jeder kann sich daran erfreuen, besonders Kinder und Jugendliche, die daraus auch Wichtiges lernen. Das sind bleibende Errungenschaften, sinngebend für die Menschheit.

Was sind dagegen die Solotrips eines nur sich selbst genügenden Egomanen oder aufwändige Expeditionen für wenig bedeutsame Varianten irgendeiner Besteigung? »Die Eroberung des Nutzlosen«, wie Messner ja selbst schon einsichtig bekannte.

Nachdem der erfolgreichste aller Gipfelstürmer in fast einem halben Jahrhundert nach eigener Aussage nahezu dreitausend Mal auf irgendeinem relativ höchsten Punkt gestanden hat, verkündet er neuerdings in Interviews und auch im Fernsehen, es sei ihm gar nicht um die Gipfel gegangen. Am wichtigsten sei ihm stets gewesen zu überleben und wieder zurück nach Hause zu kommen. Er wolle alt werden und seine Erfahrungen weitergeben.

Nun ja, wer bricht schon zu Unternehmungen auf, um nicht mehr wiederzukommen, und mit über 60 Jahren will man

217

seine früheren Motive wohl auch gerne etwas schönen und neu begründen. Aber die Tatsachen der Vergangenheit zeichnen doch ein anderes Bild. Er sollte einer Anzahl höchst ehrgeizig errungener »Eroberungen des Nutzlosen« gedenken, die *er* zwar überlebte, aber andere eben nicht.

Es sei hier beispielsweise an die Besteigung des Manaslu im April 1972 erinnert, bei der zwei Bergsteiger ums Leben kamen. Reinhold ließ dabei seinen geschwächten Partner zurück, der sich verirrte und starb, während er allein zum Gipfel ging. Bei der Suche nach dem Vermissten nach Reinholds Rückkehr durch zwei andere im plötzlichen Schneesturm kam ein weiterer ums Leben.

Dazu schrieb mir damals Hannes Gasser, inzwischen verstorbener Leiter der Alpinschule Innsbruck, in einem Brief vom 4. Mai 1972:

Lieber Max,

beiliegend übersende ich Dir zwei Zeitungsausschnitte; die ganze Angelegenheit ist mehr als furchtbar. Wieder einmal ging Messner ohne Rücksicht auf ein Menschenleben zum Gipfel. Dieses Tun nehme ich einfach nicht mehr hin, und Du wirst auch überzeugt sein, dass es aufgrund der nun schon drei toten Kameraden eine menschliche Verpflichtung ist, Dinge aufzudecken, die schlicht und einfach skandalös sind!

Ich würde Dich ehrlich bitten, mir baldmöglichst nun einige Informationen zu übersenden, wie es am Nanga Parbat wirklich war, damit man Messner das Handwerk legen kann.

Mit freundlichen Grüßen ...

Wie bekannt, habe ich mich nie für Angelegenheiten einspannen lassen, die nicht uns selbst betroffen haben, ganz abgesehen davon, dass ich den Vorgang am Manaslu nicht im Detail kenne und beurteilen kann.

Ein weiteres Beispiel rücksichtslosen Verhaltens im Interesse der Zielsetzung habe ich ohne Namens- und Ortsnennung in meinen Berggeschichten »Das kurze Seil« beschrieben. Es ist in diesem Buch das einzig wahre und bezeugte, also nicht fiktive Ereignis.

Die also jetzt von Reinhold vorgetragene Bescheidenheit in Bezug auf seine »eigentlichen« steten Zielvorstellungen ist wohl eine wenig glaubwürdige Retrospektive, wenn auch eine nette Aussage.

Noch ein letztes Motiv hat mich dazu gedrängt, Details über das Geschehen um Günthers Tod niederzuschreiben: das ganz simple Bedürfnis, den wirklichen Hergang zu eruieren. Ich habe in meinem Buch »Die Überschreitung« versucht, erwiesene Umstände mit Reinholds divergierenden Aussagen wie ein Puzzle zu einem einleuchtenden Ablauf des wahrscheinlichen Geschehens zusammenzusetzen. Historiker und Kriminalbeamte tun in ihren Bereichen schließlich auch nichts anderes. Es ist zumindest legitim und die ganze Aufregung darüber höchst übertrieben.

Seit Beginn des Streites vor fast fünf Jahren habe ich immer wieder daran gedacht, unter welchen Bedingungen und Umständen denn eine Versöhnung zwischen uns möglich sein könnte. Öffentliche allseitige Entschuldigungen? Besser zwar als nichts, aber doch etwas banal. Jeder würde doch im kleinen eigenen Kreise reden oder zumindest für sich denken, man selbst habe dazu eigentlich keine Veranlassung gehabt, und jeder wird ahnen, dass der andere dasselbe denkt.

In etwas naiven Tagträumen habe ich mir vorgestellt, man könnte doch durch Vermittlung einen geheimen Vorschlag ausarbeiten, um eine gemeinsame Unternehmung aller noch lebenden Teilnehmer unserer Nanga-Parbat-Expedition zum Chimborazo in Südamerika zu organisieren. Das ist insofern ein Berg besonderer Art, weil ihn zum einen Edward Whymper, der Erstbezwinger des Matterhorn, danach im Jahre 1880 bestieg und Alexander von Humboldt an ihm forschte. Zum anderen ist er unter bestimmten Aspekten, obwohl »nur« 6310 Meter über dem Meer, doch der höchste Gipfel der Erde, weil er durch seine Nähe zum Äquator am weitesten vom Erdmittelpunkt entfernt und der Sonne am nächsten ist.

Den querschnittsgelähmten Werner Haim würden wir in einer Sänfte zusammen hinauftragen, und das gemeinsame Gipfelfoto inklusive Handshake mit Reinhold der Weltpresse zukommen lassen. Und das Ganze einmal ohne Worte.

Es brächte schöne Schlagzeilen. Reinholds Renommee wäre weitgehend wiederhergestellt und wir wären sicher alle zufrieden.

Aber es ist nur ein Traumbild, nur Phantasie ohne reale Basis. Nicht dass ich Reinhold die Fähigkeit zur großen Geste grundsätzlich absprechen möchte, aber ich denke doch, dass es noch lange dauern könnte, bis sie ihm möglich ist. Der Zahn der Zeit nagt dabei zunehmend an uns allen. Ich bin dazu noch zehn Jahre älter als er und bedarf eines schönen Tages dann auch einer Sänfte, um diesen Gipfel zu erreichen. Jeder aber, der an die Ewigkeit unserer Seele glaubt, wird mir zustimmen, dass Günther die gedachte Szene auf dem Chimborazo mit Erleichterung und Freude wahrnehmen würde.

Max von Kienlin
Das kurze Seil

Spannendes aus der Welt der Berge

Berge üben magische Anziehung aus. Die Erlebnisse und Eindrücke bei ihrer Besteigung prägen Menschen in besonderer Weise. So manche Freundschaft wird in extremen Situationen auf die Probe zwischen Leben und Tod gestellt.

Ein abenteuerliches Lesevergügen bieten die Geschichten des bekannten Bergsteigers Max von Kienlin: Er erzählt von Liebe und Verrat, von menschlicher Stärke und Schwäche – mal spannend wie ein Thriller, mal hintergründig-humorvoll oder phantasievoll-erotisch, manchmal auch tragisch.

224 Seiten, ISBN 3-7766-2442-6
Herbig

Lesetipp

BUCHVERLAGE
LANGENMÜLLER HERBIG NYMPHENBURGER
WWW.HERBIG.NET

Heinrich Harrer
Denk ich an Bhutan

»In sein neues Buch hat der Dalai-Lama-Freund alles gepackt, was man über Bhutan wissen und was man sehen muss.«　　　*Die Welt*

»Das Land des Drachens« übte schon immer einen geheimnisvollen Zauber auf Heinrich Harrer aus. Sieben Mal war er dort, das erste Mal 1950 bei seiner Flucht mit dem Dalai Lama. Sein informativer Text lebt von spannenden Abenteuern und den Begegnungen mit den Bhutanern, deren Sprache er spricht und die ihm Freunde wurden, seine prachtvollen Bilder sind ein einzigartiges Zeugnis lebendiger lamaistischer Kultur.

»… eine empfindsame Liebeserklärung. Fundiertes Wissen und eine tief reichende Innenschau dringen bis zum Kern des Landes vor. Der Autor nähert sich Schritt für Schritt jenem Mysterium namens Buddhismus.«
Südwest Presse

240 S. mit 283 Fotos, Großformat, ISBN 3-7766-2439-6
Herbig

Lesetipp

BUCHVERLAGE
LANGENMÜLLER HERBIG NYMPHENBURGER
WWW.HERBIG.NET